Rote Krimi

Von EDGAR WALLACE
sind außerdem im Goldmann Verlag lieferbar:

Die Abenteuerin. 164
A. S. der Unsichtbare. 126
Die Bande des Schreckens. 11
Der Banknotenfälscher. 67
Bei den drei Eichen. 100
Die blaue Hand. 6
Der Brigant. 111
Der Derbysieger. 242
Der Diamantenfluß. 16
Der Dieb in der Nacht. 1060
Der Doppelgänger. 95
Die drei Gerechten. 1170
Die drei von Cordova. 160
Der Engel des Schreckens. 136
Feuer im Schloß. 1063
Der Frosch mit der Maske. 1
Gangster in London. 178
Das Gasthaus an der Themse. 88
Die gebogene Kerze. 169
Geheimagent Nr. 6. 236
Geheimnis der gelben Narzissen. 37
Das Geheimnis der Stecknadel. 173
Das geheimnisvolle Haus. 113
Die gelbe Schlange. 33
Ein gerissener Kerl. 28
Das Gesetz der Vier. 230
Das Gesicht im Dunkel. 139
Der goldene Hades. 226
Die Gräfin von Ascot. 1071
Großfuß. 65
Der grüne Bogenschütze. 150
Der grüne Brand. 1020
Gucumatz. 248
Hands up! 13
Der Hexer. 30
Im Banne des Unheimlichen. 117
In den Tod geschickt. 252
Das indische Tuch. 189
John Flack. 51
Der Joker. 159
Das Juwel aus Paris. 2128

Kerry kauft London. 215
Der leuchtende Schlüssel. 91
Lotterie des Todes. 1098
Louba der Spieler. 163
Der Mann, der alles wußte. 86
Der Mann, d. seinen Namen änderte. 1194
Der Mann im Hintergrund. 1155
Der Mann von Marokko. 124
Die Melodie des Todes. 207
Die Millionengeschichte. 194
Mr. Reeder weiß Bescheid. 1114
Nach Norden, Strolch! 221
Neues vom Hexer. 103
Penelope von der »Polyantha«. 211
Der Preller. 116
Der Rächer. 60
Der Redner. 183
Richter Maxells Verbrechen. 41
Der rote Kreis. 35
Der Safe mit dem Rätselschloß. 47
Die Schuld des Anderen. 1055
Der schwarze Abt. 69
Der sechste Sinn des Mr. Reeder. 77
Die seltsame Gräfin. 49
Der sentimentale Mr. Simpson. 1214
Das silberne Dreieck. 154
Das Steckenpferd des alten Derrick. 97
Der Teufel von Tidal Basin. 80
Töchter der Nacht. 1106
Die toten Augen von London. 181
Die Tür mit den sieben Schlössern. 21
Turfschwindel. 155
Überfallkommando. 75
Der Unheimliche. 55
Der unheimliche Mönch. 203
Die unheimlichen Briefe. 1139
Das Verrätertor. 45
Der viereckige Smaragd. 195
Die vier Gerechten. 39
Zimmer 13. 44
Der Zinker. 200

EDGAR WALLACE

Das Steckenpferd des alten Derrick

THE DOUBLE

Kriminalroman

Wilhelm Goldmann Verlag

Aus dem Englischen übertragen
von Gregor Müller

Gesamtauflage: 235.000

Made in Germany · 4/80 · 11. Auflage · 2261235
© der deutschsprachigen Ausgabe by Wilhelm Goldmann Verlag, München
Umschlagentwurf: Atelier Adolf & Angelika Bachmann, München
Umschlagfoto: Richard Canntown, Stuttgart
Satz: Presse-Druck Augsburg
Druck: Mohndruck Graphische Betriebe GmbH, Gütersloh
Krimi 97
Lektorat: Peter Wilfert · Herstellung: Harry Heiß
ISBN 3-442-00097-1

1

Mit dem Titel eines Dr. phil. und einem armseligen Rest aus der väterlichen Erbschaft, deren größten Teil er verstudiert hatte, verließ Dick Staines die Universität von Cambridge. Über die dringende Notwendigkeit, sich schnellstens eine Existenz zu schaffen, war er sich völlig im klaren. Einige Wochen lang schrieb er Offerten auf unzählige Inserate, und schließlich boten sich ihm vier Möglichkeiten an, die ersten Sprossen auf der Leiter zum Erfolg zu erklimmen: erstens, als Volontär in einer Autofabrik bekam er dreißig Shilling Wochenlohn; zweitens, als Volksschullehrer hatte er Aussicht, vielleicht nach zehn Jahren so viel zu verdienen, daß er einen eigenen Hausstand gründen konnte; drittens, als Offizier des königlichen Heeres oder der Marine mußte er zufrieden sein, wenn sich aus seinen Bezügen die monatlichen Kasinoschulden decken ließen; viertens, als – Polizeibeamter... Nach gründlichem Erwägen dieser Möglichkeiten und Aussichten füllte er einen engbedruckten Fragebogen aus und sandte ihn an den Dezernenten für Polizeiangelegenheiten der Stadt London. Der Erfolg ließ nicht lange auf sich warten. Wenige Wochen später finden wir Staines bereits in der kleidsamen blauen Uniform auf den Straßen der Metropole patrouillieren. Er war Polizeirekrut geworden, blieb es aber nicht lange. Seine Sprachkenntnisse – er beherrschte vier Sprachen von Grund auf und konnte sich in zwei weiteren verständigen – machten seine Vorgesetzten auf ihn aufmerksam. Als er dann noch das Glück hatte, ein Attentat auf den Kriegsminister zu vereiteln, war seine Laufbahn gesichert. Nach neun Jahren war er Kriminalinspektor.

Wir begegnen ihm wieder, als er mit Lord Thomas Weald in dessen elegantem Rolls-Royce nach Brighton rast. Der schuldtragende Teil an der eklatanten Überschreitung der zulässigen Höchstgeschwindigkeit war jedoch, wie wohl selbstverständlich sein dürfte, der Lord.

»Es ist zum Schießen!« Weald kicherte und schenkte dabei der Landstraße nur geringe Aufmerksamkeit. »Vor ein paar Jahren – mir ist, als wäre es erst gestern gewesen – hat man uns beide wegen nächtlicher Ruhestörung auf die Polizeiwache von Cambridge geschleppt, und heute...« Er lachte auf. »Heute bist du selbst bei der Polente, Dicky!«

Sie waren während ihrer gemeinsamen Studienzeit gute Freunde geworden. Obwohl sie gleichaltrig waren, sah Tommy bedeutend jünger aus. Das ewig lächelnde Gesicht, das sorgenfreie Leben und seine unverwüstliche Laune ließen ihn noch heute als Jüngling erscheinen. Er hatte eine stattliche, breite Figur, reichte Dick aber nur bis zur Schulter. Dick Staines war unstreitig das, was man einen ›schönen Mann‹ nennt. Seine Großherzigkeit und sein geradezu kindliches Gemüt, das er sich trotz seines Berufs bewahrt hatte, machten ihn allgemein beliebt. Er war, obwohl es an Anfechtungen nicht gefehlt hatte, bis jetzt ein standhafter Junggeselle geblieben.

Seit Jahren hatten sich die Freunde nicht mehr gesehen. Tommy Weald war sofort nach Abschluß seiner Studien auf Großwildjagd gegangen und erst vor wenigen Tagen zurückgekehrt. Dick hatte ihn zufällig auf dem ›Strand‹ getroffen.

»Weißt du«, meinte Dick nach einer Weile, »ich bin eigentlich schön blöd – da kommst du Unglückswurm daher, und schon lasse ich mich auf eine deiner wilden Eskapaden mitschleppen! Statt mit dir in der Weltgeschichte herumzurasen, könnte ich meine wohlverdienten Urlaubstage geruhsam auf dem Landsitz meines Chefs verbringen. Ganz abgesehen davon, daß ich meine Wohnung während der Urlaubswochen aus Sparsamkeitsgründen vermietet habe. Wo soll ich nun, wenn ich von Brighton zurückkomme, in London wohnen?«

»Warum willst du dir jetzt schon den Kopf darüber zerbrechen?« Tommy musterte den Freund mit strengem Blick. »Du konntest doch gar nicht auf den hirnverbrannten Gedanken kommen, mich allein fahren zu lassen – oder doch? Jetzt, wo wir uns nach langen Jahren endlich einmal wiedersehen? Die Einladung deines Chefs gilt doch übrigens, wie du mir selbst erzählt hast, erst von nächster Woche an, nicht wahr? Und ich habe dir so viel zu erzählen, daß dir die Zeit wie im Flug vergehen wird. Du weißt doch, daß ich auf Löwenjagd war?«

»Hast du sie – oder haben sie dich gejagt?« erkundigte sich Dick ohne Begeisterung.

»Wie du willst, lieber Sherlock Holmes. Seit wann bist du so verdrießlich und hypochondrisch? Brighton soll für derartige Gemütslagen sehr zu empfehlen sein. Deshalb fahre ich dich ja jetzt auch hin. Nein, Scherz beiseite, Dick – ein Mädchen habe ich dort kennengelernt... So etwas gibt es überhaupt nicht wieder!«

Er schnalzte mit der Zunge, um seine Begeisterung noch zu unterstreichen.

»Na, na, Tommy, immer noch Schürzenjäger? Das ist zuweilen riskanter als Großwildjagd. Wer ist sie denn – deine betörende Jungfrau von Brighton?«

Tommy warf seinem Begleiter einen mißbilligenden Blick zu.

»Wer sie ist? Von Beruf scheint sie Krankenpflegerin zu sein. Ihren Namen kenne ich leider noch nicht. Um den ausfindig zu machen, habe ich dich, den angehenden Meisterdetektiv, mitgenommen. Wer soll ihn herausbekommen, wenn nicht du?«

»Wie komme ich dazu, Helfershelferdienste bei deinen Don-Juan-Streichen zu leisten?« wies Staines das Ansinnen mit gespielt strenger Miene zurück. »Dazu ist mir mein hochachtbarer Beruf viel zu schade!«

Unter solchen Plänkeleien erreichten sie ihr Ziel, das Metropol-Hotel in Brighton. Zusammen stiegen sie die Freitreppe hinauf und waren gerade vor dem Eingang zum Foyer angelangt, als ein elegant gekleideter Herr mittleren Alters aus dem Hotel trat. Einen Augenblick betrachtete er überrascht Lord Weald, dann nickte er ihm lebhaft zu.

Tommy drehte sich um und sah ihm nach.

»Kennst du ihn?« fragte er Dick. »Nein? Schade! Der Mann hat Humor – wie er heißt? Walter Derrick. Er wohnt neben mir in London. Du weißt ja, das Eckhaus am Lowndes Square. Mein Vater und sein Vater kannten sich sehr gut. Der alte Derrick muß ein Original gewesen sein, den Schilderungen nach genau das Gegenteil seines Sohnes. Walter ist eine Nummer für sich, na, du wirst ihn ja kennenlernen!«

Dick hatte gelogen, als er vorgab, Derrick nicht zu kennen.

Er kannte ihn und auch den knallgelben Rolls-Royce, den er fuhr. Eine besonders hohe Meinung hatte er von Mr. Walter Derrick nicht, denn man flüsterte sich über ihn allerlei zu, was nicht zu seiner Beliebtheit beitragen konnte. Er hatte angeblich einen armen Verwandten, der dringend Hilfe brauchte, aus seinem Haus gewiesen und ihm mit der Polizei gedroht. In dieser Beziehung schien er seinem verstorbenen Vater nachzuschlagen, denn auch der alte Derrick hatte als unverbesserlicher Geizhals gegolten. Sogar der Sohn hatte darunter zu leiden gehabt, denn man erzählte sich, daß er nur deshalb nach Südafrika ausgewandert sei, weil er sich mit dem Vater wegen eines Motorrades, das er kaufte, aber nicht bezahlte, überworfen habe. Der alte Derrick hatte die Sache mit dem Motorrad zu einer Prestigefrage gemacht, und so war Walter Derrick als ein verlorener Sohn wutschnaubend aus dem Haus und ins Ausland gezogen. Er mußte dort ein ziemlich entbehrungsreiches Leben geführt haben, doch nach dem Tod des Vaters kehrte er als dessen Universalerbe nach Hause zurück.

In wenigen Worten hatte Tommy dem Freund die Lebensgeschichte des jungen Derrick geschildert. Abschließend bemerkte er:

»Ich kann es ihm nicht verdenken, wenn er sich jetzt sein Leben so angenehm wie möglich macht.«

Bald nach der Ankunft entschuldigte sich Tommy – er habe noch schnell eine Verwandtenvisite hinter sich zu bringen. Gegen Abend, schlug er Dick vor, wollten sie sich dann in der Hotelhalle wieder treffen.

Der herrliche Sommerabend verleitete die beiden zu einem Strandspaziergang. Obwohl Dick nur hin und wieder ein Wort einwarf, plauderte Tommy dennoch unverdrossen von diesem und jenem. Mitten in einer bilderreichen Jagdschilderung zupfte er Dick plötzlich am Ärmel.

»Da kommt sie!«

Dick blickte auf. Ein Mädchen, dessen Schönheit, wie er mit einem einzigen Blick feststellte, tatsächlich außergewöhnlich war, kam ihnen entgegen. Sie trug die einfache Tracht einer

Krankenpflegerin. Bevor er aus dem Staunen herauskam, war das Mädchen an ihnen vorübergegangen.

»Nun? Habe ich zuviel gesagt?« fragte Tommy.

»Ohne Zweifel ist sie hübsch.«

Es war Dick klar, daß dieses kühle Urteil der klassischen Schönheit der jungen Dame bei weitem nicht gerecht wurde.

»Hübsch? Eine Venus ist sie! Übrigens, ich bin zwar erst seit ein paar Stunden hier, aber ich habe meinen Spürsinn spielen lassen und kann dir daher alles, was du wissen willst, mitteilen. Sie heißt Mary Dane! Mary – Dane –!« Er sprach den Namen aus, als genösse er jede Silbe. »Mary Dane? Klingt das nicht wie aus einem Hollywoodfilm?«

»Wie hast du denn den Namen so schnell herausgebracht?« erkundigte sich Dick überrascht.

»Ganz einfach, indem ich den Stier bei den Hörnern packte. Ich bin dorthin gegangen, wo sie wohnt, und habe mich nach ihr erkundigt. Der alte Herr, der das Glück hat, den ganzen Tag in ihrer Gesellschaft zu verbringen, heißt Cornfort. Sein Dasein verbringt er in den verschiedensten Badeorten. Ich habe sogar mit dem Mädchen selbst gesprochen – ich wünschte ihr ›guten Morgen‹.«

Tommy strahlte siegessicher.

»Und was erwiderte sie auf deine Unverschämtheit?«

»Aber, Dick – bist du eifersüchtig? Was sie sagte? Natürlich erwiderte sie holdselig lächelnd meinen Gruß. Sie ist eine wirkliche Dame, das verriet mir schon ihre Ausdrucksweise. Die Worte kamen wie Schlagsahne aus ihrem Mund.«

Obwohl Staines über Tommys Bericht lachen mußte, konnte er doch nicht umhin, die Begeisterung des Freundes berechtigt zu finden. Sie bummelten noch lange hin und her, freilich ohne sich einzugestehen, daß sie es nur in der Hoffnung taten, der schönen Krankenpflegerin noch einmal zu begegnen. Als es dunkel wurde, brachen sie ihren Spaziergang ab und begaben sich ins Hotel zurück. Sie hatten sich gerade zum Whisky Soda niedergelassen, als auch Derrick eintrat und sich auf einen Wink Tommys an ihren Tisch setzte.

»Guten Abend, meine Herren!« begrüßte er sie. »Wenn ich

Lord Weald einen Tag nicht sehe, ist mir gleich, als fehle mir mein zweites Ich. Wir sind die reinsten siamesischen Zwillinge – sogar unsere Häuser in London sind Zwillinge. Und Brighton ist nicht groß genug, uns zu trennen.« Er belachte seinen eigenen Witz und bestellte sich zu trinken. Dann wandte er sich an Dick: »Nun, Inspektor Staines, was hat Sie nach Brighton gelockt? Beruflich? Nein? Sie wundern sich wohl, daß ich Sie kenne? Nun, ich habe Sie schon oft im Gerichtssaal gesehen, wenn Sie als Zeuge auftraten. Ich bin oft zu Verhandlungen gegangen, weil ich mich für kriminalistische Fragen interessiere – eine Vorliebe, die ich von meinem Vater geerbt habe. Meine Sammlung fachwissenschaftlicher Werke der Kriminalistik ist in ihrer Reichhaltigkeit wohl einzigartig.«

Tommy schien der Moment gekommen, Derrick über sein Freundschaftsverhältnis zu Staines aufzuklären.

»Dick und ich sind Studienfreunde, Mr. Derrick. Sie sehen in ihm ein Schulbeispiel, wie tief ein Mensch sinken kann. Polizist zu werden! Ist das nicht schrecklich?«

Ohne auf den Scherz einzugehen, richtete Derrick das Wort unbeirrt weiter an Dick.

»Es ist gar keine schlechte Idee, daß wir uns heute abend kennenlernen. Vor wenigen Tagen erst unterhielt ich mich mit einem Freund über den berühmt gewordenen Mord von Slough – Sie werden sich wohl kaum daran erinnern können, Mr. Staines. Ich hielt mich damals gerade in Südafrika auf, und Zeitungen erreichten mich nur in unregelmäßigen Abständen. Der Mann, der den Kassierer der Textilfabrik in Slough am hellichten Tag erschoß und beraubte, wäre, so behauptete mein Freund, nie festgenommen worden, während ich die gegenteilige Ansicht vertrat. Ich glaube, irgendwann in der Zeitung gelesen zu haben, daß er verurteilt und hingerichtet worden sei. Der Fall liegt etwa zehn Jahre zurück.«

»Ja, am selben Tag, als ich zur Polizei kam, ereignete sich das Verbrechen«, erwiderte Dick. »Nein, Mr. Derrick, den Täter hat man nicht – allerlei Spuren, ja, aber ihn selbst hat man noch nicht erwischt.«

»Hat man nicht auf dem Revolverlauf, mit dem der Kassierer niedergeschossen wurde, einen Daumenabdruck gefunden? So war es doch? Ich erinnere mich jetzt wieder an die Einzelheiten. Nun gut, das heißt also«, stellte Derrick fest, »daß ich meine Wette verloren habe. Und dabei hätte ich schwören können, recht zu haben. Mag sein, daß ich den Fall mit einem anderen verwechselt habe. Sie wundern sich, warum mir das alles so wichtig ist? Ich sagte Ihnen schon, daß ich diese Liebhaberei von meinem Vater übernommen habe. Er war ja, wie Sie vielleicht wissen, Besitzer einer der umfangreichsten Fingerabdrucksammlungen der ganzen Welt. Er wollte nachweisen, daß die Theorie, nach der es keine zwei sich völlig gleichenden Fingerabdrücke gebe, falsch sei. Er machte geltend, daß die Polizei ja nur Abdrücke von Leuten besitze, die einmal mit ihr in Berührung gekommen sind. Die Millionen anderer – also die Mehrzahl –, die ihr Leben verbringen und beenden, ohne je mit der Polizei in Konflikt zu kommen, könnten infolgedessen überhaupt nicht erfaßt werden. Mein Vater bestach Werkmeister, Geschäftsführer und auch Arbeiter, ihm die Fingerabdrücke ihrer Untergebenen und Kollegen zu liefern, die er dann sorgfältig registrierte. Als er dann starb und seine Aufgaben im Stich lassen mußte, fiel die ganze Sammlung mir zu.«

»War denn Ihr Vater schließlich nicht sehr verbittert darüber, die Berechtigung seiner Theorie nicht nachweisen zu können?« erkundigte sich Dick.

»Ich weiß ja nicht einmal, ob er nicht doch erfolgreich war, Mr. Staines. Vielleicht steckte eben doch ein Körnchen Wahrheit in seiner Auffassung, und es gibt tatsächlich vollkommen gleiche Abdrücke verschiedener Herkunft. Die Polizei würde jedenfalls nicht das Gegenteil behaupten können, denn sie hat ja nur einen verschwindend kleinen Teil von Fingerabdrücken in ihrem Besitz.«

»Und nun setzen Sie die Nachforschungen Ihres Vaters fort?« wollte Dick wissen.

»Ich werde mich hüten!« Derrick lachte. »Ich habe andere Sorgen. Die ganze Sammlung verbrannte ich. Die Polizei wollte sie ja nicht haben.«

Die weitere Unterhaltung drehte sich um die Jagdabenteuer Tommys, und im Verlauf des Gesprächs gewann Staines die Gewißheit, daß Walter Derrick die Gegend um den Tanganjika-See sehr genau aus eigener Anschauung kennen mußte.

Endlich erhob sich Derrick.

»Der Schlaf vor Mitternacht ist der gesündeste. Ich bin gewohnt, früh ins Bett zu gehen. Zeitig hinein und zeitig heraus – das ist mein Wahlspruch!«

Mit dieser Anhäufung von Redensarten verabschiedete er sich, und Tommy blickte ihm nach.

»Einen Humor hat der Mann –«, meinte er. »Nicht mit Gold aufzuwiegen! Ich erzählte ihm vor einigen Tagen den Witz, der mir auf . . .«

»Wenn du jetzt etwa beabsichtigen solltest, den Witz aufzuwärmen, den man dir auf der Fahrt nach Beira erzählt hat«, unterbrach ihn Dick, »dann wirst du mein Leben auf dem Gewissen haben. Ein zweitesmal würde ich einen derartigen Kalauer nicht überstehen können.« Er erhob sich. »Gute Nacht, geliebter Lord, träume süß!«

2

Am nächsten Tag wollte es der Zufall, daß Dick am Vormittag auf der Promenade der schönen Krankenpflegerin einen kleinen Dienst erweisen konnte. Der alte Mann, der den Krankenstuhl schob, bemühte sich vergebens, das schwerfällige Gefährt mit dem Kranken eine kleine Anhöhe hinaufzuschieben, und auch die schwachen Kräfte Miss Danes reichten dazu nicht aus. Dem muskulösen Staines dagegen bedeutete die Hilfeleistung ein Kinderspiel – im Nu stand der Krankenstuhl an der gewünschten Stelle. Miss Dane lächelte ihm dankbar zu, und Dick verbeugte sich hastig. Während er Hand anlegte, hatte er jedoch, ohne es zu merken, seinen goldenen Füllbleistift verloren, der mit einer siegellackroten Schutzkappe aus Kautschuk versehen war.

Dick setzte seinen Spaziergang fort. Kurz vor ein Uhr lehnte er am Promenadengeländer und ließ das lebhafte Treiben auf dem Strandweg an sich vorüberziehen. Da wurde er Zeuge folgender Szene: Ein knallgelber Rolls-Royce brauste die Straße entlang und wollte eben abbiegen, als vor dem Auto unvermutet der von dem alten Diener geschobene und von Miss Dane begleitete Krankenfahrstuhl auftauchte, in dem Mr. Cornfort weltvergessen schlummerte. Im letzten Augenblick noch gelang es dem Fahrer zu bremsen, wobei der schwere Wagen quer über die Straße zu stehen kam. Dick hatte den drohenden Zusammenstoß vorausgesehen und war an die Stelle geeilt, um dem erschrockenen Mädchen zu helfen. Rasch sammelte sich eine große Menschenmenge an. Ein Verkehrspolizist begann eindringlich auf den Fahrer einzureden, und Miss Dane starrte eine Weile interessiert zu den beiden hinüber.

»Ist das nicht Mr. Derrick?« fragte sie Dick. »Natürlich, er ist's – seinen gelben Wagen habe ich schon oft vor dem Metropol stehen sehen. Wohnen Sie auch dort?«

»Ja, aber nur als Gast eines Freundes«, erwiderte er. »Aus freien Stücken würde ich nicht in ein derartig teures Hotel ziehen.«

»Wie und warum Sie dort wohnen, ist ja gleichgültig – die Hauptsache ist, daß Sie sich's nicht verdrießen lassen«, meinte sie und verabschiedete sich freundlich lächelnd. Mit dem alten Diener, der den Krankenstuhl schob, setzte sie den unterbrochenen Ausflug fort.

Auch auf der Rückfahrt nach London kreisten Dick Staines' Gedanken andauernd um die hübsche Krankenpflegerin. Ihr Bild verfolgte ihn hartnäckig auf dem ganzen Weg. Tommy war in Brighton zurückgeblieben, da er angeblich noch eine alte Tante in der Nähe besuchen mußte. Er hatte den Freund gebeten, seine Wohnung in London zu benützen.

»Ich habe am Lowndes Square das ganze Haus leerstehen, Dick«, hatte er gesagt. »Du würdest mir einen Gefallen tun, wenn du darin wohnen würdest, solange du deine eigene Wohnung vermietet hast. Ich werde meinem Diener sagen, daß du kommst. Auch meine Garage mit dem Wagen steht dir zur Verfügung.«

Dick hätte zwar ein Hotel vorgezogen, wollte Tommy aber nicht kränken und hatte den Vorschlag angenommen. Der Diener des Lords erwartete ihn am Bahnhof.

»Leider hat Seine Lordschaft zu spät angerufen«, entschuldigte er sich. »Die ganze Dienerschaft war schon auf Urlaub gefahren. Entschuldigen Sie bitte, Sir, aber Lord Weald hatte uns vor seiner Abreise alle beurlaubt.«

Dick beruhigte ihn.

»Ich brauche wirklich niemand, Minns, ich kann mich selbst versorgen. Ich esse in einem Restaurant.«

Ein kalter Imbiß stand jedoch bereit. Dicks Zimmer lag im dritten Stock. Auf dieser Etage zog sich die ganze Hausfront entlang ein breiter Balkon, zu dem man vom Zimmer aus durch drei Fenstertüren Zutritt hatte. Zwei dieser Türen waren geschlossen und die Rolladen heruntergelassen, während die dritte offenstand.

»Der Laden dort ist schadhaft, Sir.« Der Diener zeigte zur offenstehenden Balkontür hin. »Der Gurt ist gerissen, und ich mußte den Laden mit einem Keil befestigen, damit er nicht zufällt.« Minns legte einen kleinen Schlüssel auf den Tisch. »Diesen Hausschlüssel lasse ich Ihnen hier, Mr. Staines.«

Der Mann verabschiedete sich, und Dick war allein in dem großen Haus. Er kleidete sich aus und zog einen bequemen Schlafanzug an. Mechanisch steckte er den ihm überlassenen Hausschlüssel in die Jackentasche und trat auf den Balkon hinaus. Lange blickte er auf die Straße hinunter, bis er endlich durch die leise plätschernden Regentropfen aus seinem Nachsinnen gerissen wurde. Erstaunt sah er zum Himmel empor, der sich mit tiefhängenden Wolken überzogen hatte. Im gleichen Moment krachte auch schon ein heftiger Donnerschlag, und das freundlich scheinende Licht aus seinem Schlafzimmer war wie ausgewischt. Durch die Erschütterung hatte sich der Keil, der den Rolladen nur behelfsmäßig offenhielt, gelöst, und der Laden war zugefallen. Damit war der einzige Rückweg ins Zimmer versperrt. Alle Bemühungen Dicks, den Laden wieder zu öffnen, blieben erfolglos. Der Regen war inzwischen heftiger geworden, und Dick war nach wenigen Minuten bis auf die Haut durchnäßt. Tief unter ihm lag öde und leer der Platz – nirgends eine Menschenseele, die er hätte zu Hilfe rufen können! Nur das einsame Schlußlicht eines Autos leuchtete von unten herauf. Da Staines keine Lust verspürte, die ganze Nacht im Regen zu verbringen, sah er sich nach einem Ausweg um. Am Nebenhaus, das Mr. Derrick gehörte, zog sich genau der gleiche Balkon hin wie der, auf dem er sich befand. Etwa zwei Meter unüberbrückter Zwischenraum trennte die beiden Balustraden voneinander – keine zu große Entfernung, doch ziemlich unüberwindlich, da darunter das harte Asphaltpflaster des Lowndes Square war.

Aber was half es? Er mußte versuchen, aus diesem Dilemma herauszukommen. Obwohl der durchtrainierte Staines Schwindelanfälle nur dem Namen nach kannte, wollte ihm doch das Herz stehenbleiben, als er am Haussims entlang die kurze, aber gefährliche Kletterpartie zum Balkon des Derrickschen Hauses begann. Endlich stand er schweratmend auf dem Nachbarbalkon.

Auch von hier aus führten verschiedene Fenstertüren ins Hausinnere, und zu Dicks Freude stand eine offen. Er kam in einen Raum, der wohl als Büro genutzt wurde; denn auf einem Pult stand eine Schreibmaschine. Ein an der Wand hängender Abreißkalender wies einige Notizen auf, die von der Sekretärin Derricks stammen mochten. Die Tür zum Gang war nicht verschlossen. Das Treppenhaus lag jedoch in tiefem Dunkel. Erst nach langem Suchen entdeckte Staines den Lichtschalter, so daß er den Weg nach unten finden konnte. Er wollte nachsehen, ob er durch die Haustür auf die Straße und wieder zurück in Wealds Haus gelangen konnte, dessen Schlüssel er rein zufällig eingesteckt hatte. Zu seinem Schrecken war jedoch die Haustür nicht nur verriegelt, sondern auch verschlossen, so daß er sich in der unangenehmen Lage befand, Gefangener in einem fremden Haus zu sein.

Er suchte nach einem andern Ausweg und ging in den Keller, in der leisen Hoffnung, wenigstens den Lieferanten- und Dienstboteneingang offen zu finden. Zu seinem Erstaunen brannte über einer Tür eine Lampe, und als er die Tür öffnete, befand er sich in Derricks Garage, in der ein einziger Wagen stand. Routinemäßig vergewisserte er sich, daß der Tank gefüllt und der Wagen fahrbereit war. Er stieg die Kellertreppe wieder hinauf. Im Hausflur drückte er auf die Klinke der ersten Tür und blieb – wie vom Blitz getroffen – auf der Schwelle stehen.

Der Anblick, der sich ihm bot, hätte genügt, einen noch unerschrockeneren Mann als Dick zu verblüffen: Auf dem Fußboden lag ein gefesselter und geknebelter Mann, über den sich eine elegant gekleidete Dame beugte, die seine Taschen durchsuchte.

Die Szene spielte sich in einem Aufenthaltsraum für Bedienstete ab. Ein kostbarer Pelzmantel, wahrscheinlich das Eigentum der Dame, war achtlos über einen Stuhl geworfen worden. Auf der Tischplatte lag eine kleine, blinkende Schußwaffe. Erst als er einen Schritt nähertrat, bemerkte ihn die Frau und blickte erschrocken auf.

»Mein Gott!« entfuhr es Dick.

Die elegante Dame, die eben noch damit beschäftigt gewesen war, einen gefesselten und geknebelten Mann zu durchsuchen, war – Mary Dane!

Nicht die geringste Bewegung verriet, ob sie Staines wiedererkannte. Nur Furcht und Haß spiegelte sich in ihren Augen wider.

»Mary Dane?« fragte er, und seine Stimme klang wie berstendes Glas.

Das Mädchen stand wie aus Stein gemeißelt – nur die Hand tastete langsam nach dem auf dem Tisch liegenden Revolver. Bevor sie aber die Waffe erreichen konnte, erlosch plötzlich das Licht. Dick wollte sich auf das Mädchen stürzen, um es festzuhalten, als er selbst von hinten gepackt und zu Boden geworfen wurde. Während er sich bemühte, rasch wieder auf die Beine zu kommen, hörte er hinter sich die Küchentür und gleich darauf die Haustür zuschlagen. Endlich war er soweit, um die Verfolgung aufzunehmen. Aber die Flüchtenden waren wie vom Erdboden verschwunden. Haustür, Küchentür und Küchenfenster standen offen, und die Haustür, die sich in der Zugluft bewegte, schlug in Abständen auf und zu. Auch auf der Straße war weit und breit nichts zu sehen. Langsam ging der Inspektor zu dem Gefesselten zurück und löste ihm die Fesseln.

Der Mann erholte sich zusehends.

»Ich bin Larkin, Sir«, stellte er sich vor. »Mr. Derrick hat mich als Wächter seines leerstehenden Hauses engagiert.« Erst jetzt schien ihm der Aufzug seines Befreiers aufzufallen, denn er starrte Dick verwundert an. »Ich bin den ganzen Tag hier und gehe nur abends kurz vor dem Essen ein wenig an die Luft.«

Auf dem Tisch standen die Überreste eines einfachen Abendessens, eine halbvolle Bierflasche und ein Glas mit einem Rest Bier. Dick blickte nachdenklich darauf.

»Hatten Sie das Glas schon vor Ihrem üblichen Abendspaziergang gefüllt oder erst nach Ihrer Rückkehr?«

»Das kann ich Ihnen wirklich nicht genau sagen, Sir. Ich glaube, ich habe das Bier erst nachher eingeschenkt.«

Der Wächter griff nach dem Glas, um einen Schluck zu nehmen, aber Staines fiel ihm in den Arm.

»Lassen Sie das Glas stehen, Larkin«, warnte er ihn. »Man hat Ihnen offenbar ein Schlafmittel ins Bier geschüttet. Kannten Sie das Mädchen? Hat man Ihnen etwas gestohlen?«

Larkin kramte in seinen Taschen und zog eine lederne Brieftasche und einen Schlüsselbund hervor. Sorgfältig prüfte er den Inhalt der Brieftasche, dann sagte er:

»Nein, mir fehlt nichts – es ist alles noch da. Und die Dame – nein, ich kenne sie nicht. Sie fesselte mich ja auch nicht, es war ihr Begleiter.«

»Ihr Begleiter?«

»Gewiß. Als man mich fesselte, bin ich einen Augenblick aus meiner Betäubung erwacht und hörte, wie sich die beiden über etwas unterhielten.«

Larkin beschrieb den Einbrecher als einen hageren Mann mit hellblonden Haaren. Dick mußte unwillkürlich lächeln, als er den verwunderten Blick bemerkte, den der nun wieder mißtrauisch gewordene Wächter auf seinen triefenden Schlafanzug warf.

»Ich wohne nebenan bei Lord Weald«, klärte er ihn endlich auf und berichtete, wie er in diesem Aufzug in ein fremdes Haus gelangt war. Als er Larkins Neugierde befriedigt hatte, nahm er eine oberflächliche Untersuchung des Raumes vor, ohne jedoch bemerkenswerte Feststellungen machen zu können. »Sie haben doch Telefon im Haus, nicht wahr? Gut, benachrichtigen Sie also die Polizei und rühren Sie hier nichts an.«

Dick trat durch die noch immer offenstehende Haustür auf die vor Nässe spiegelnde Straße hinaus und war wenige Augenblicke später wieder in Lord Wealds Haus. Nach einem heißen Bad zog er sich an und ging nochmals hinunter. Vor dem Nebenhaus stand jetzt ein Motorrad. Die Polizei war eingetroffen.

Was sollte er nun machen? Er glaubte, sich nicht getäuscht zu haben, als er Mary Dane erkannt hatte, aber ... Nein, sie konnte es nicht gewesen sein! Ein Mädchen wie sie würde nicht ...

Endlich gab er den inneren Kampf auf. Direkt von der Hausdiele aus gelangte er in Wealds Garage, öffnete das Tor und fuhr den bereitstehenden Wagen auf die Straße hinaus. Erst jetzt verspürte er Hunger. Er ging in die Küche, auf die ihn Minns vor seinem Weggehen aufmerksam gemacht hatte, und versorgte sich mit Lebensmitteln, um den Hunger zu stillen.

Eine Weile stand er noch unschlüssig vor dem Auto.

Wenn ich jetzt nach Brighton fahre, sagte er sich, dann nur, um herauszubekommen, ob Mary Dane tatsächlich die Einbrecherin gewesen sein könnte – anders werde ich meine Ungewißheit nicht los.

3

Der Sturm, der bei seiner Abfahrt in London tobte, brach unterwegs nach Brighton nochmals mit voller Gewalt los. In Dorking holte er das Gewitter ein. Es schüttete wie aus Kübeln – unablässig prasselte der Regen gegen die Scheiben des dahinrasenden Wagens. Punkt ein Uhr fünfzehn hielt er in Brighton vor dem Metropol, in dessen Räumen gerade ein Maskenball in vollem Schwung war. Vom Portier erfuhr er, daß Tommy sich in den Festräumen befinde.

Dick legte seine triefende Lederjacke ab und betrat einen der

Säle. Eine der ersten Personen, die ihm entgegenkamen, war eine Dame im Kostüm einer Krankenpflegerin. Mit einer raschen Bewegung zog sie die Maske vom Gesicht und blieb vor Dick stehen.

»Ich habe Sie überall gesucht, Mr. Staines«, begrüßte sie ihn. »Woher ich Ihren Namen kenne? Lord Weald hat ihn mir genannt.«

Dick traute seinen Augen nicht – es war wirklich Miss Dane, die vor ihm stand.

»Sind Sie – schon den ganzen Abend hier, Miss Dane?« fragte er stotternd.

Sie runzelte die Stirn.

»Ja. Warum fragen Sie?«

»Sagen Sie mir erst, warum Sie mich eigentlich suchten?«

Sie öffnete das Täschchen, das sie in der Hand trug, und zog einen goldenen Füllhalter heraus, dessen Kappe aus rotem Kautschuk war.

»Dieser Stift muß Ihnen heute – oder vielmehr gestern morgen verlorengegangen sein, als Sie uns beim Weiterschieben des Krankenstuhls behilflich waren. Ich fand den Stift unter Mr. Cornforts Decke. Bringen Sie mir nun als Belohnung eine Portion Eis? Ich habe entsetzlichen Durst.«

Er steckte den Stift ein und beeilte sich, die gewünschte Erfrischung zu holen. Sie nahm das Tellerchen dankbar lächelnd entgegen.

»Sie werden eine schöne Meinung von mir als Krankenschwester haben – oder hätten Sie gedacht, mich auf einem Maskenball anzutreffen? Ich kam aber nur deshalb her, weil ich Ihnen Ihr Eigentum zurückgeben wollte. Mr. Cornfort wird von der Nachtschwester betreut, und so konnte ich mich frei machen. Ich erfuhr, daß hier ein Ball stattfindet, borgte mir eine Maske und benutzte meine Berufskleidung als Kostüm. Wie spät ist es eigentlich?«

Dick nannte ihr die Zeit, und sie verzog erschrocken das Gesicht.

»Gott, schon so spät?«

»Haben Sie Tommy gesprochen?« fragte er.

»Tommy? Ach so, Sie meinen Lord Weald? Ja, ich traf ihn. Er ist wirklich ein netter Mensch. Er wollte zu gerne einen Blick hinter meine Maske werfen und durchaus wissen, wer ich sei. Er ist Ihr Freund, nicht wahr?« Sie stutzte und schien erst jetzt zu bemerken, daß er in nicht gerade salonfähiger Kleidung erschienen war. »Lord Weald sagte mir aber doch, Sie seien nach London zurückgefahren?«

»Stimmt, aber ich kehrte gleich wieder um. Ich habe Tommy etwas Dringendes mitzuteilen.«

Er vergaß dabei ganz, daß die Ereignisse, die sich in London abgespielt hatten, mehr den Besitzer des Nebenhauses, Mr. Walter Derrick, interessieren mußten als den Lord. Als ihm dies einfiel, erkundigte er sich bei Miss Dane nach ihm.

»Mr. Derrick?« fragte sie verwundert. »Ach ja – der Mann, der mich beinah überfahren hätte? Nein, den habe ich nicht gesehen. Wahrscheinlich wird er sich auch irgendwo hier in einer unkenntlichen Maske herumtreiben.«

Einige Minuten standen sie noch plaudernd beieinander, dann machte Mary Dane Anstalten zu gehen. Als sie ihm ihren Garderobeschein anvertraute, ergriff er die Gelegenheit, ihr seine Begleitung anzubieten, und freute sich wie ein König, daß sie seinen Vorschlag annahm. Nachdem sie neben ihm im Wagen Platz genommen hatte, fragte sie ihn:

»Warum erkundigten Sie sich eigentlich, ob ich schon den ganzen Abend im Metropol gewesen sei, Mr. Staines? Ich bin, um die Wahrheit zu gestehen, erst gegen elf gekommen. Sie sahen mich dabei aber so vorwurfsvoll an, daß ich gar nicht anders konnte, als die Frage zu bejahen. Ich fürchtete wahrhaftig, jeden Augenblick verhaftet zu werden. Sie sind doch Kriminalbeamter, nicht wahr? Lord Weald nannte Sie jedenfalls ›einen von der Polente‹.«

Dick verfluchte im stillen seinen schwatzhaften Freund. Miss Dane gegenüber aber beteuerte er, daß nur sein ganz persönliches Interesse, das er vom ersten Moment an für sie empfunden hätte, ihn zu seiner Frage veranlaßt habe.

Schließlich zeigte sie auf eine kleine, von einem Garten umgebene Villa, die vor ihnen aus der Dunkelheit aufgetaucht war.

»Dort wohne ich – ich danke Ihnen für Ihre Liebenswürdigkeit, Mr. Staines!«

Sie stieg aus. Nach einem kurzen Händedruck und einem freundlichen Lächeln verschwand sie im Hauseingang.

Dick kehrte ins Hotel zurück, wo er nach langem Suchen Tommy in der Bar fand. Neben ihm stand ein dicker Pierrot, der ihm andauernd etwas ins Ohr flüsterte, worüber sich der Lord außerordentlich zu amüsieren schien. Als er Dick erblickte, erhob er sich und stand einen Augenblick mit weit offenem Mund da.

»Heiliger Bimbam – Dick?« rief er aus. »Ich dachte, du seist in London?«

Ohne auf die Scherze einzugehen, führte Staines Tommy und den Pierrot, in dem er Derrick erkannt hatte, in einen stillen Winkel, wo er ihnen über seine Erlebnisse am Lowndes Square berichtete. Nur die verblüffende Ähnlichkeit der Einbrecherin mit Mary Dane erwähnte er nicht. Der Lord war sehr aufgeregt.

»Immer hast du das Glück, etwas zu erleben –«, beklagte er sich, »mir passiert so etwas nie!«

Derrick war ernst geworden.

»Das ist nun schon das zweitemal, daß mein Haus heimgesucht worden ist – ein ähnlicher Versuch wurde mir vor einigen Wochen gemeldet. Weiß Gott, was die Leute bei mir suchen. Wertsachen oder Bargeld bewahre ich ohnehin nicht zu Hause auf, und alles andere lohnt die Mühe doch wirklich nicht. Ist Larkin verletzt?«

»Nein«, erwiderte Staines. »Er wird vielleicht ein wenig Kopfschmerzen haben, aber etwas Ernstliches ist ihm nicht passiert.«

»Sagten Sie nicht, daß Sie das Gesicht der Einbrecherin gesehen hätten?« fragte Derrick plötzlich. »Sie würden sie möglicherweise wiedererkennen, wie?«

»Das glaube ich nicht. Frauen zu beschreiben ist meine schwache Seite. Ich sah sie ja auch nur einen Augenblick, und die Beleuchtung war nicht gerade hervorragend. Ich weiß nicht einmal mehr, was für ein Kleid sie anhatte.«

»Sahen Sie kein Auto vor meiner Tür stehen?« forschte Derrick weiter.

Jetzt erst erinnerte sich Dick wieder des Wagens, dessen rotes Schlußlicht er vom Balkon aus gesehen hatte.

»Ja – gewiß, dort stand ein Wagen. Er schien leer zu sein. Haben Sie Feinde, Mr. Derrick?«

»Nicht, daß ich wüßte«, wehrte Derrick ab. »Bei meinem Vater würde mich das alles nicht verwundern, aber ich habe eigentlich nie etwas mit irgendeinem Menschen gehabt. – Nein – ich wüßte nicht«, schloß er sinnend.

»Ich sah Ihnen an, daß Sie eben noch etwas bemerken wollten«, machte ihn Dick aufmerksam.

Derrick überging die Anspielung. Statt dessen sagte er:

»Ich muß auf alle Fälle nach London.«

»Ich bringe Sie hin«, schlug Tommy vor.

»Auch ich schließe mich an«, warf Staines ein. »Deinen Wagen will ich gern benützen, Tommy, aber nicht unter deiner Führung.«

Bei Tagesanbruch hielten sie vor Lord Wealds Haustür. Vor dem Nebenhaus stand ein Polizist auf Wache, der sein steifes Benehmen erst ablegte, als er den Inspektor erkannte. Derrick betrat sein Haus, und die beiden anderen folgten ihm. Der Wächter war noch auf. Gemeinsam durchsuchten sie das Haus, und Dick zeigte seinen Begleitern, wie er über den Balkon des dritten Stockwerks in Derricks Haus gelangt war.

»Wahrscheinlich nehmen die Leute von Scotland Yard jetzt an, die Einbrecher seien auf diesem Wege eingestiegen«, meinte der Lord ironisch.

»Die Polizei hat auf meinem Bierglas einen Fingerabdruck entdeckt«, berichtete nun der Wächter, der bis dahin geschwiegen hatte. »Sie haben das Glas mitgenommen, um den Abdruck zu fotografieren.«

Dick fand diese Mitteilung höchst interessant. Als ihn Tommy aufforderte, ihm beim Frühstück Gesellschaft zu leisten, lehnte er die Einladung ab.

»Nein – ein andermal. Ich muß zum Yard. Der Fall muß mir zugeteilt werden. Der Urlaub kann warten.«

4

Gegen zehn Uhr war er beim Chef und erhielt die Zusicherung, mit der Untersuchung betraut zu werden.

»Nehmen Sie die Sache aber nicht zu leicht, Staines«, warnte Bourke. »Sie ist wichtiger, als wir zuerst dachten.«

Staines wunderte sich, denn er hatte nur an einen gewöhnlichen Einbruch gedacht.

»Erinnern Sie sich des Mordes von Slough?« fragte der Chef.

»Ja. Ich trat damals gerade bei der Polizei ein und verfolgte den Fall in der Zeitung.«

»Wie Sie wissen werden, ist es uns bisher nicht gelungen, den Täter zu fassen. Die einzige brauchbare Spur, die er zurückließ, war ein Daumenabdruck auf dem Lauf der Waffe. Nun gut. Der Täter ist mit der Beute, sechshundert Pfund, unerkannt entkommen. Alles, was wir von ihm haben, ist dieser unscheinbare...« Bourke unterbrach sich und starrte Dick an, der gespannt des Kommenden harrte. Ehe der Chef fortfuhr, öffnete er ein Schubfach seines Pultes, entnahm ihm ein kleines Bild und reichte es seinem Inspektor, der es interessiert in die Hand nahm.

»Sehen Sie sich die Aufnahme genau an, Staines – Sie werden sie noch gut gebrauchen können. Es ist die Wiedergabe des auf dem Lauf der Mordwaffe gefundenen Daumenabdrucks. Wissen Sie, warum ich die alte Geschichte wiederkäue? Nun, diesen gleichen Abdruck haben wir heute morgen, als meine Leute den Einbruch bei Derrick untersuchten, auf dem Wasserglas gefunden, das Larkin zum Biertrinken benutzte.«

Dick nahm das Bild in die Hand und prüfte lange jede Einzelheit.

»Merkwürdig!« sagte er endlich. »Was wollen die Leute von Derrick? Das ist schon der zweite Versuch...«

»Nein, der dritte«, verbesserte ihn Bourke. »Einmal wurde, ohne daß Derrick davon erfuhr, ins Haus eingebrochen. Wissen Sie, was ich glaube? Nein? – Setzen Sie sich erst einmal, Staines. Der alte Derrick, der Vater Walters, ritt ein ganz besonderes Steckenpferd...«

»Ja, sein Sohn erzählte mir gestern davon.«

»Von der Fingerabdrucksammlung seines Vaters?«

»Ja.«

»Wir nannten den Alten hier im Yard bloß den ›Amateur-Daktyloskopen‹. Er muß Tausende von Abdrücken gesammelt haben. Sein ganzes Sehnen und Trachten lief darauf hinaus, die Polizei in ihrer Annahme, es gäbe keine Fingerabdrücke verschiedener Personen, die einander völlig gleich seien, ins Unrecht zu setzen. Den ganzen Tag brachte er in seinem Arbeitszimmer mit dem Tabellarisieren und Registrieren der gesammelten Abdrücke zu. Ich bin fest überzeugt, daß er seiner Theorie doch noch zum Erfolg verholfen hätte, wenn ihm nur etwas mehr Zeit dazu verblieben wäre.« Bourke machte eine kurze, vielsagende Pause. »Ich bin nämlich zu der Annahme gelangt, daß es dem alten Derrick kurz vor seinem Tode noch gelungen sein muß, die lange gesuchte Dublette zu einem Fingerabdruck zu finden – das heißt, es könnte sein, daß er den Abdruck, den der Mörder von Slough auf der Mordwaffe hinterlassen hatte, unter den von ihm neu gesammelten Abdrücken wiederentdeckt hat.«

»Aber«, gab Staines zu bedenken, »Walter Derrick hatte doch, wie er gestern jedenfalls behauptete, die ganze Sammlung seines Vaters verbrennen lassen?«

»Die ganze? Wer weiß: Vielleicht wurden die zuletzt zusammengekommenen Stücke gesondert aufbewahrt und waren noch nicht in die Sammlung eingereiht. Ich habe sie damals mit eigenen Augen gesehen – sie füllte die ganze Längswand im Arbeitszimmer des alten Derrick aus. So traf sie auch der Sohn nach seiner Rückkehr und nach dem Tod des Vaters an. Er bot uns die Sammlung an, doch wir lehnten ab, weil es uns nicht gestattet ist, Fingerabdrücke Unbestrafter zu sammeln. Nun, mag sein, daß der Sohn die Sammlung, so wie er sie angetroffen hat, vernichten ließ. Trotzdem können wichtige Stücke übriggeblieben sein, hinter denen die Einbrecher nun her sind. Warum sollten sie sonst dauernd dort eindringen? Die Erklärung für die Einbrüche ist vielleicht in dem Bestreben der Einbrecher zu suchen, ein sie besonders interessierendes Stück der Sammlung in ihre Hände zu bekommen.« Bourke streckte dramatisch die Hände aus. »Legen Sie den Einbrechern Handschellen an,

Staines, und ich gehe jede Wette ein, Sie werden den Mörder von Slough festgenommen haben!«

Nur eine Gewißheit hatte Staines, als er an die Aufklärung des neuen Falles heranging – die blauäugige Krankenpflegerin von Brighton konnte als Verdächtige ausgeschaltet werden. Er hatte sich mit eigenen Augen von ihrem Alibi überzeugen können. Seit jenem Maskenball im Metropol hatte er Mary Dane nicht wiedergesehen, sie aber auch nicht vergessen. Dafür hatten schon Tommys Briefe gesorgt. Im letzten schrieb er:

›Ich sah sie in Littlehampton auf einer Promenadenbank sitzen und hielt sofort meinen Wagen an, um sie begrüßen zu können. Sie war recht liebenswürdig und erkundigte sich eingehend nach Dir. Das alte Wrack Cornfort wachte während unseres Gesprächs auf, um sich mit mir dreiviertel Stunden lang über das schöne Wetter zu unterhalten. Heute fahre ich nach Petworth, wo der alte Drachen von Tante wohnt, die ich, leider Gottes, besuchen muß. Daß sie in einem Schloß wohnt, das ein Wallgraben von der Umwelt abschirmt, macht die Aussicht, dort einige Wochen verbringen zu müssen, nicht schmackhafter für mich. Du kannst Dir wohl denken, wie ›gern‹ ich dort hinfahre. Aber was soll man machen? Jetzt, wo die Sozialisten den armen Kapitalisten alles wegnehmen wollen, was sie haben, muß man sehen, wie man sein Leben fristen kann.‹

Gleichzeitig mit der Untersuchung der Einbrüche in Derricks Haus betrieb Staines auch Nachforschungen im Mordfall von Slough, doch war absolut nichts Neues ausfindig zu machen. Die Sache schien im Sand zu verlaufen. Eines Tages erhielt er von Walter Derrick eine Einladung zum Lunch. Das Schreiben schloß folgendermaßen:

›Haben Sie irgendeine Spur aufnehmen können? Hat Ihnen der Fingerabdruck auf Larkins Bierglas nicht weitergeholfen?‹

Warum interessierte sich Derrick so für Staines' Erfolg? Dick dachte nicht im Traum daran, die Neugierde Walter Derricks zu befriedigen. Er war selbst auch gar nicht sicher, ob Bourke mit seinem Verdacht recht hatte.

Derricks Vermögen war in Grundstücken angelegt. Darin war er dem Beispiel seines Vaters gefolgt, der sein Geld nur durch Spekulationen auf dem Immobilienmarkt erworben hatte. Um endlich einmal einen Überblick über die Hinterlassenschaft zu bekommen, beschloß Staines, die Hilfe einer befreundeten Maklerfirma in Anspruch zu nehmen. Schmeichelhaft war die Auskunft, die er über die Methoden des alten Derrick erhielt, für den Verstorbenen keineswegs.

»Einer der gerissensten Schieber Londons!« erklärte der alte Makler, nachdem er Staines' Anliegen vernommen hatte. »Er hatte für unsere Branche eine Nase wie ein Bluthund. Sie wissen vielleicht, wie klein er anfing – mein Vater erzählte mir einmal, daß er den damals noch jungen Derrick beim Bau seines eigenen Hauses überrascht habe.«

»Hat er viele Grundstücke hinterlassen?«

»Im Gegenteil. Er spekulierte nur damit. Er wußte auf die Sekunde genau, wann es Zeit wurde, abzustoßen und wieder zu kaufen. In dem halben Jahr, das seinem plötzlichen Tod vorausging, haben wir für etwa achthunderttausend Pfund Grundstücke für ihn abgesetzt. Einige Monate darauf verkaufte er durch Haytors zwei Geschäftshäuser – Barzahlung, Sir, einhundertundvierzigtausend Pfund, bar auf den Tisch gezahlt. Schecks nahm er überhaupt nicht – er traute, wie er sagte, den Banken nicht über den Weg.«

»Ehe er starb, dürfte er wohl sein ganzes Vermögen wieder in Grundstücken angelegt haben?« klopfte Staines auf den Busch.

»Nein, nicht daran zu denken, Sir. Er hatte zwar, wie ich zufällig weiß, diese Absicht, starb aber, bevor die Verhandlungen zum Abschluß kamen.«

»Hatte er Feinde?«

»Nicht, daß ich wüßte. Das ist ja das Merkwürdige, daß er trotz seines Geizes recht gut gelitten war. Selbst Kollegen von mir, die durch seine Spekulationen unmittelbar betroffen waren, trugen ihm nichts nach. Für das Grundstück am Lowndes Square wurden ihm häufig recht hohe Summen geboten, aber er lehnte alle Angebote ab. Um keinen Preis wollte er dieses Haus verkaufen. Wahrscheinlich spielte da irgendeine Sentimentalität mit. Er hatte das Haus ja eigenhändig mit aufbauen helfen, und auch später noch muß er vieles daran verändert und umgebaut haben. Jedenfalls wollte er das Grundstück nie aus der Hand geben.«

5

Staines traf sich mit Walter Derrick in dessen Klub.

»Die verdammten Einbrüche haben mich ganz nervös gemacht«, versicherte Derrick lebhaft. »Vorige Nacht zum Beispiel konnte ich kein Auge schließen. Ja, was ich noch sagen wollte – Larkin entsinnt sich nun der Einbrecherin, er beschreibt sie als ausgesprochene Schönheit. Das hat man davon, wenn man Junggeselle ist – sogar nachts lassen einen die Weiber nicht in Ruhe!« Er kicherte vergnügt, wurde aber gleich wieder ernst. »Ich habe zur Unterstützung Larkins einen zweiten Mann engagiert. Ich will heute abend noch auf mein Landgut fahren.« Er schwieg einen Augenblick. »Wenn ich nur wüßte, was die Einbrecher eigentlich in meinem Haus suchen. Ja, wenn es zu Vaters Lebzeiten passiert wäre, könnte ich es begreifen – er hatte ja immer sein ganzes Vermögen zu Hause. Als ich nach seinem Tod die Hinterlassenschaft übernahm, fand ich das gesamte Vermögen von vierhundertzwölftausend Pfund in einer Kassette unter seinem Bett.«

Überrascht blickte Dick auf.

»Wieviel, sagten Sie, hatten Sie gefunden?«

»Vierhundertzwölftausend Pfund!« wiederholte Derrick.

»Und das war alles, was Sie erbten?«

Walter Derrick lächelte.

»Viel ist es ja nicht, aber für mich langt es«, erwiderte er. »Ja, das ist das ganze Erbteil. Die Leute halten mich für einen Millionär. Das bin ich nun zwar nicht, aber ich fühle mich trotzdem als solcher, was Ihnen, wenn Sie vierhunderttausend Pfund besitzen würden, wohl auch so ginge.«

Bei Dick dämmerte es langsam.

»Haben Sie sich denn nie erkundigt«, fragte er, »ob nicht etwa noch weitere Gelder vorhanden waren? Hat Ihnen der Anwalt Ihres Vaters ...«

»Mein Vater hatte keinen Anwalt«, unterbrach Derrick. »Warum aber diese Fragerei, Mr. Staines? Einige Kleinigkeiten hat er ja noch hinterlassen, Landgrundstücke und dergleichen, aber alle ohne besonderen Wert. Nein, die vierhunderttausend waren alles, was ich vorfand.«

Ungläubig starrte Dick ihn an.

»Wollen Sie mich wirklich glauben machen, daß Sie sich nie erkundigten, was für Geschäfte Ihr Vater vor seinem Tod getätigt haben könnte?«

»Nein, ich hielt es nicht der Mühe wert, dies zu tun. Was aber wollen Sie mit Ihren Fragen sagen, Mr. Staines?«

»Gleich werde ich Ihnen Auskunft geben, Mr. Derrick. Nur noch eine Frage – starb Ihr Vater plötzlich, oder war er längere Zeit bettlägerig?«

»Er starb unerwartet. Er legte sich hin und war weg. Jedenfalls ist mir nicht bekannt, daß ihm etwas gefehlt hätte. Also, nun sagen Sie mir endlich, wohinaus Sie wollen!«

»Hören Sie – das Geld, das Sie als Gesamterbschaft betrachten, war höchstwahrscheinlich der Kaufpreis für ein Grundstück, über das Ihr Vater kurz vor seinem Tod verhandelte; er kam jedoch nicht mehr dazu, den Kauf abzuschließen. Ich weiß aber aus sicherer Quelle, daß er in dem halben Jahr, bevor er starb, zweimal größere Beträge – einmal achthunderttausend und ein andermal einhundertundvierzigtausend Pfund – in barem Geld ausbezahlt erhielt. Ihr Vater hat also allein in diesem halben Jahr rund eine Million Pfund in bar erhalten. Das, was Sie fanden, ist folglich nur ein Teil davon. Da er aber, wie mir auch von anderer Seite bestätigt wurde, mit Banken nichts zu tun haben wollte, muß das Geld irgendwo in Ihrem Haus versteckt sein.«

Derrick starrte seinen Gast konsterniert an. Sein sonst so gesund gerötetes Gesicht war leichenblaß geworden.

»Mein Gott, halten Sie mich nicht für völlig unzurechnungsfähig, Staines«, brachte er endlich hervor, »daß ich so unsäglich dumm war, die Erbschaft anzutreten, ohne mich nach Einzelheiten zu erkundigen. Erzählen Sie mir, was Sie von der Sache wissen, und wenn sich größere Vermögensteile finden sollten, werden Sie mich nicht undankbar finden.«

Dick überging das verhüllte Angebot, gab jedoch den erbetenen Rat.

»Wir müssen Ihr Haus vom Keller bis zum Dach gründlich durchsuchen. Sicher ist irgendwo ein Versteck vorhanden, von dem Sie keine Ahnung haben. Ihr Vater hat ja das Haus nicht nur selbst mit umgebaut, sondern auch später einiges darin verändert. Wahrscheinlich hat er bei einer solchen Gelegenheit ein Versteck eingebaut.«

Eine Frage, die Derrick auf den Lippen zu liegen schien, blieb unausgesprochen. Er hatte es eilig, Dicks Rat schnellstens zu befolgen. Die beiden Herren brachen auf, um sich nach dem Lowndes Square zu begeben. Als ihnen Larkin öffnete, begrüßte er sie und wandte sich dann an den Hausherrn:

»Ich habe Ihre Nachricht erhalten, Sir.«

»Eine Nachricht von mir?« wunderte sich Derrick.

»Ja, Sie riefen doch an, daß heute abend ein Herr vorbeikommen werde, um die Zimmer für neue Teppiche auszumessen.«

Derrick sah Staines, der ihm verständnisvoll zulächelte, an.

»Es ist gut, Larkin«, begnügte er sich dem Wächter zu erwidern und begab sich mit seinem Gast in den ersten Stock hinauf. »Ich habe keine derartige Botschaft übermittelt, Mr. Staines«, versicherte er. »Sie wissen ja, daß ich heute nach Godalming fahren wollte und nicht daran dachte, hierher zurückzukehren. Ein ziemlich abgegriffener Trick das – aber man mußte doch gewärtig sein, daß mich Larkin anrufen würde, um die Anweisung bestätigt zu erhalten.« Derrick schien die Sache ernstlich zu beschäftigen. »Ich möchte wirklich wissen, was die Leute von mir wollen?« rief er besorgt aus. »Sie sollen mich in Frieden lassen!« Er runzelte nachdenklich die Stirn. »Nein – es ist unmöglich ... Das kann es nicht sein.«

Gewaltsam schüttelte er seine Besorgnisse ab und wurde wieder so unbeschwert, wie Staines ihn kennengelernt hatte.

Die Mauern schienen gebaut zu sein, um schwerstem Geschütz standzuhalten, und die Eichenbohlen des Fußbodens waren zu massiv, um Aushöhlungen enthalten zu können. Nur die Planlosigkeit des ganzen Baus fiel den Suchenden auf. Unvermutet tauchten Treppen und Winkel auf, Nischen und Vorsprünge waren an den unmöglichsten Stellen angebracht. Doch das, was sie suchten, das Schatzversteck, blieb unauffindbar. Schließlich kamen sie auch in das Zimmer neben der Küche, in dem Dick in jener Regennacht die Einbrecherin überrascht hatte.

Derrick öffnete einen verschlossenen Schrank.

»Hier ist etwas, das Sie interessieren dürfte, Mr. Staines«, sagte er und stellte eine rostige Stahlkassette auf den Tisch, die er mit dem im Schloß steckenden Schlüssel öffnete. »Hier in diesem Kasten fand ich die vierhundertzwölftausend Pfund, mein Erbteil!«

An der Innenseite des Kassettendeckels war eine klammerartige Vorrichtung angebracht, die einen Gegenstand festhielt, der einem medizinischen Instrument ähnlich sah. Es handelte sich um eine Art Sauger – am oberen Ende befand sich ein Gummiball, während der untere Teil eine trompetenförmige Ausbuchtung aufwies.

»Was ist das für ein merkwürdiges Ding?« fragte Dick und betrachtete das Instrument mit großem Interesse.

Parallel zueinander waren zwei etwa zehn Zentimeter lange Messinghalter an dem Gerät befestigt. Sie waren es, die Dick endlich den Zweck der ganzen Vorrichtung erraten ließen. Er preßte den Gummiball zusammen und drückte den Sauger auf den Deckel der Stahlkassette. Dann zog er an den beiden Messinghaltern. Mit einem ›Klick‹ schnappte eine Feder ein, und sosehr sich Dick auch bemühte, den Sauger wieder vom Deckel zu lösen, es gelang nicht. Der ganze Mechanismus war weiter nichts als eine Vakuumsaugpumpe. Erst als er die zuvor eingeschnappte Feder entdeckt und zurückgeschoben hatte, ließ sich der Sauger wieder von der Kassette lösen.

»Lag das mit dabei?« erkundigte sich Staines und zeigte auf die Pumpe.

»Ja, beim Geld«, erwiderte Derrick.

Da alles weitere Suchen ergebnislos verlief, brachen sie ihre Bemühungen ab.

Staines begab sich anschließend zu einem alten Baumeister, der sich in Wandsworth Road nach einem arbeitsreichen Leben zur Ruhe gesetzt hatte. Sein Gedächtnis hatte zwar etwas nachgelassen, aber es reichte noch hin, um sich der näheren Umstände beim Bau des Derrickschen Hauses entsinnen zu können. Vor der Vollendung, so erzählte der Alte, habe man einen großen Geldschrank herbeigeschafft, der, ohne daß er wisse wo, eingebaut worden sei. Josua Derrick habe ihn höchst eigenhändig während der arbeitsfreien Sonntage an Ort und Stelle ummauert. Für die Schlußarbeiten im ganzen Haus wären dann ausländische Maurer verwendet worden.

»Eigentlich komisch«, beendete der alte Baumeister seinen Bericht, »wer alles sich in letzter Zeit für das Haus am Lowndes Square interessiert. Vorgestern war eine junge Dame hier, die ein Buch schreiben will, das sich mit alten Häusern befaßt. Sie fragte mich nach Plänen, und die Rede kam auch auf das Haus des alten Derrick.«

»Wie sah denn Ihre Besucherin aus?«

Der Alte überlegte eine Weile.

»Das kann ich Ihnen wirklich nicht mehr so genau sagen. Nur ihre Augen, die graublau waren, sind mir noch in Erinnerung. Die Augen meiner Enkelin haben die gleiche Farbe – und dann die auffallend langen, dunklen Wimpern...«

Es waren unstreitig Mary Danes Augen, die der Mann beschrieb. Jetzt erst nannte Dick seinen Beruf.

»So, Sie sind Kriminalbeamter, Sir«, wiederholte der Baumeister unbeeindruckt. »Nein, mehr kann ich Ihnen auch nicht sagen. Die junge Dame wollte von mir nur noch wissen, wo sie den Baumeister ausfindig machen könnte, der das Haus für den alten Derrick umgebaut hat. Ich gab ihr die Adresse, und sie notierte sie sich – dort auf jenem Tisch. Erst suchte sie lange in ihrer Tasche und zog dann einen auffallenden Goldstift mit grellroter Kappe heraus, wie ich noch keinen gesehen habe. Aber Gold war's, Sir!«

Der Füllstift! Doch – den Stift, den er damals in Brighton verloren hatte, hatte ihm Mary Dane ja in der gleichen Nacht noch zurückgegeben!

6

Gegen elf Uhr verließ Dick Staines Scotland Yard, um nach Hause zu gehen. Es schlug bereits halb zwölf, als er den Strand überquerte und die Richtung nach Holborn einschlug. Kurz vor Bloomsbury sah er vor sich eine Dame, und da er es ziemlich eilig hatte, ins Bett zu kommen, hatte er sie schnell überholt. Pötzlich hörte er sie aufschreien. Obschon er vorher weit und breit keinen Menschen bemerkt hatte, sah er nun, als er sich umdrehte, daß ein Mann das Mädchen belästigte. Vergeblich versuchte sie, sich aus dem Griff des anscheinend Betrunkenen zu befreien. Mit wenigen Schritten befand sich Dick auf dem Schauplatz der Auseinandersetzung und schickte den Lästigen mit einem wohlgezielten Faustschlag in die Straßenrinne. Als er nun die Befreite näher betrachtete, traute er seinen Augen nicht. Vor ihm stand – Mary Dane.

»Bitte, Mr. Staines«, flehte sie, die ihn ebenfalls erkannt hatte, »befreien Sie mich von dem Menschen!«

Der Angreifer hatte sich unterdessen wieder erhoben und kam auf Staines zu.

»Was willst du von mir?« muckte er auf. »Was geht's dich an, wenn ich meine Freundin aus Kapstadt begrüßen will, he?« Und dem Mädchen drohte er: »Dachtest wohl, ich kenn' dich nicht wieder, was? Nee, Kind, Lordy hat ein gutes Gedächtnis. Du hast mir nicht umsonst einen Streich gespielt ...«

Staines machte der Szene schnell ein Ende.

»Hat dieser Mann Sie belästigt, Miss Dane?«

»Nein, er hat mich wohl verwechselt und für jemand anders gehalten.«

»Ach nee –«, spottete der Mann, der sich Lordy nannte. »Ich weiß schon, wer du bist, Mary de Villiers! – Was wollen Sie denn eigentlich?« wandte er sich wieder drohend an Staines.

»Ich bin Kriminalinspektor Staines von Scotland Yard.«

Diese Eröffnung schien dem andern den Wind aus den Segeln zu nehmen. Er senkte seine bis jetzt drohend erhobene Stimme zum flehenden Flüstern.

»Ich hab' niemand belästigt, Sir! Ich dachte, die Dame wiederzuerkennen – hab' mich wohl geirrt. Nun ja, wenn man ein Glas zuviel getrunken hat ...«

»Kommen Sie mal her, Mr. Lordy, ich will Sie mir etwas genauer betrachten!«

Staines zog den Mann in den Lichtkegel einer Straßenlaterne. Er sah einen ausnehmend langen Kopf, unruhige, jetzt von unterdrückter Furcht erfüllte Augen, ein hageres, braungebranntes Gesicht, eine hervortretende Nase und einen spärlichen, im ungewissen Licht kaum sichtbaren Schnurrbart.

Lordy schien diese eingehende Musterung wenig zu behagen.

»Lassen Sie mich los, Baas! Ich bin Lordy Brown und erst Sonnabend nach London gekommen. Die junge Dame wird mich schon kennen – oder ich hab' mich eben getäuscht, und sie ist gar nicht die, für die ich sie hielt.«

»Was wollte er denn von Ihnen, Miss Dane?«

»Ich habe keine Ahnung – er fing gerade zu schimpfen an, als Sie herbeieilten.«

»Ich soll geschimpft haben, Miss?« wehrte sich Brown. »Nee, ich will ja gar nichts von Ihnen. Ich bin doch erst ein paar Tage hier, bin mit der ›Glamis Castle‹ gekommen. Nur einen Freund, der in London wohnt, wollte ich aufsuchen, Sir. Hab' ihn aber nicht zu Hause angetroffen. Kenn' ihn von Tanganjika her. O ja, er empfängt Lordy, auch wenn er inzwischen ein paar Millionen geerbt haben soll. Als er nach Afrika kam, hatte er sich mit seinem Alten verkracht. Aber ein guter Kerl ist er doch, der Walter Derrick ...«

Dick glaubte, nicht recht gehört zu haben.

»Kennen Sie das kleine Kaffeehaus am Piccadilly Circus?« fragte er schnell. »Ja? Gut, dort erwarten Sie mich – ich werde in einer halben Stunde dort sein, und wehe Ihnen, wenn Sie mich versetzen! Wo wohnen Sie eigentlich?«

Brown nannte ein kleines, obskures Hotel in der Nähe des Strands, und Dick sah ihm an, daß er die Wahrheit sprach.

»Ich komm' in einer halben Stunde hin, Sir«, versprach Lordy.

»All right!«

Staines wandte sich wieder Miss Dane zu, die dem Frage-und-Antwort-Spiel zwischen den beiden stumm gelauscht hatte. Offenbar hatte sie erwartet, daß der Inspektor sie nach Hause begleiten würde.

»Der Mann hat mich furchtbar erschreckt«, sagte sie.

»Wo werden Sie übernachten, Miss Dane?«

»In der Gower Street.« Sie nannte ein kleines Familienhotel. »Ich bin erst heute mittag von Littlehampton gekommen, um einige Einkäufe zu machen. Morgen früh fahre ich zurück. London fällt mir auf die Nerven.«

»Haben Sie je etwas davon gehört«, fragte Staines plötzlich, »daß Sie eine Doppelgängerin haben?«

»Nein. Gibt es wirklich irgendwo in der Welt zwei Personen, die sich völlig gleichen?«

»Sie haben möglicherweise nicht nur eine, sondern zwei Doppelgängerinnen. Lordy Brown wird Ihnen das bestätigen können. Er verwechselte Sie mit Mary de Villiers, einem Mädchen, das er in Südafrika kennengelernt haben will. Sie waren doch nie dort unten?«

Zu seiner Überraschung bejahte sie die Frage.

»Bis vor zwei Jahren wohnte ich dort.«

»Als Krankenpflegerin? Dazu waren Sie damals ja noch gar nicht alt genug!«

Sie kicherte vor sich hin.

»Sie wollen mir wohl Komplimente machen, Mr. Staines? Ich wollte, ich wäre dem Menschen nicht begegnet. Er macht mir Sorge.«

Warum sorgte sie sich eines Menschen wegen, dem sie angeblich heute abend zum erstenmal begegnet war?

»Es berührt mich merkwürdig, daß Lordy Brown vorgibt, Derrick zu kennen«, sagte er.

Er mußte die Bemerkung wiederholen, bis sie auf den Köder anbiß.

»Mr. Derrick? Ach so, der Mann mit dem gelben Rolls-Royce! Ist er denn gegenwärtig in London?«

»Nein, in Sussex, auf seinem Landgut.«

»Der Glückliche!«

»Warum nennen Sie ihn so?«

»Sie gelten doch als klug, nicht wahr, Mr. Staines?« fragte sie ironisch zurück. »Ist es denn nicht ein Glück, einen Freund wie Lord Brown aus Kapstadt zu besitzen? Scherz beiseite, Mr. Staines – werden Sie ihn heute abend noch treffen? Fragen Sie ihn doch bitte, wer die Mary de Villiers ist, die er vorhin erwähnte und mit der er mich anscheinend verwechselte. De Villiers? Kein seltener Name dort unten. Ich kenne verschiedene Leute in Kapstadt, die so heißen. – Haben Sie wieder einmal Ihren Bleistift verloren, Mr. Staines?«

Erst diese Frage erinnerte ihn wieder an die Auskunft des alten Baumeisters.

»Noch vor einigen Stunden glaubte ich tatsächlich, ihn wieder einmal verloren zu haben, als ich Neues von Ihrer Doppelgängerin vernahm. In Wandsworth wohnt ein ehemaliger Baumeister – Ellington heißt er –, den vor einigen Tagen eine Dame besuchte. Sie sah genauso aus wie Sie, Miss Dane. Außerdem hat sie, wie Mr. Ellington erwähnte, einen Füllstift benutzt, der meinem zum Verwechseln ähnlich sieht. – Meine Mitteilung scheint Sie sehr zu amüsieren?« fragte er, als er sie lachen sah.

»Ich könnte mich totlachen. Da – sehen Sie...« Sie öffnete ihre Handtasche und entnahm ihr einen Stift, der dem seinen wie ein Ei dem andern glich. »Heute morgen habe ich ihn mir in der Regent Street gekauft. Ich hätte tausend davon kaufen können. Der Laden verkauft nichts anderes als Füllstifte und Füllfederhalter. Auch im Zug saß ein Herr, der genau den gleichen Stift hatte. Wo haben Sie eigentlich Ihren her?«

»Nun, das heißt – eigentlich gehört er gar nicht mir«, stotterte Dick verlegen. »Tommy hat ihn mir an dem Tag, als wir nach Brighton fuhren, ausgeliehen, und ich vergaß einfach, ihn zurückzugeben.«

»Entschuldigen Sie, daß ich Ihnen ein so privates Geständnis entlockt habe!« lachte sie. »Aber Sie brauchen sich keine Gedanken zu machen – das Ding ist nicht einmal aus Gold. Die Stifte kosten genau sieben Shilling und sechs Pence, nicht mehr und nicht weniger. Eine Frage, Mr. Staines!«

»Alles, was Sie wollen!« erwiderte er galant.

Sie blickte ihn, wieder ernst werdend, an.

»Was für ein Geheimnis tragen Sie eigentlich in Ihrem Herzen, Mr. Staines? Was wollen Sie mit Ihrer Frage, ob ich wisse, daß ich Doppelgängerinnen habe? Miss Villiers wäre die eine, nicht wahr? Und die zweite? Hat man etwa in meiner Maske ein Verbrechen begangen? Kamen Sie wirklich nach Brighton, um mich zu verhaften?«

»Wie kommen Sie auf diese ausgefallene Idee?« wich er aus.

»Bitte, antworten Sie mir ohne Ausflüchte, Mr. Staines. Ich wußte sofort, was Sie von mir wollten, als ich Sie damals so plötzlich auf dem Maskenball auftauchen sah. Nur einen kurzen Augenblick lang glaubte ich, die Sehnsucht, mich wiederzusehen, habe Sie bei Nacht und Wetter auf die Landstraße getrieben, doch merkte ich bald, daß Sie kamen, um mir eine Falle zu stellen.«

»Haben Sie eine Schwester?« fragte er, ohne auf ihre Äußerungen einzugehen.

»Ja, eine von zwölf Jahren, die mir aber gar nicht ähnlich sieht. Sie ist viel brünetter. Klug ist sie, weil sie meine Schwester ist, aber nicht klug genug, um als meine Doppelgängerin auftreten zu können. Zwillingsschwester? Nein, auch die habe ich nicht. Warum so weit suchen? Ich bin doch ein ganz normal aussehender Mensch, und so mag es Ähnlichkeiten geben, die zu Verwechslungen führen...« Ohne diese Möglichkeit weiter auszuspinnen, kam sie zum Schluß. »Wenn Sie mir schreiben wollen, Mr. Staines, würde mich Ihr Brief bis morgen in meinem Hotel erreichen.«

Die angedeutete Erwartung, von ihm ein Lebenszeichen zu erhalten, beglückte ihn. Doch als er sich von ihr verabschiedete, bekam er noch eine kalte Dusche.

»Natürlich werden Sie mir nur schreiben, wenn Ihnen zufällig wieder einmal meine Doppelgängerin über den Weg läuft. In diesem Fall wissen Sie also, Inspektor Staines, wo Sie mich finden können!«

7

Lordy Brown wartete bereits, als Staines das vereinbarte Kaffeehaus betrat. Auf Lordys Einladung hin bestellte sich Dick eine Limonade. Brown musterte sie mit kritischem Blick.

»Mir bekäme sie ja eigentlich auch besser«, meinte er, »aber ich habe wochenlang in Südafrika nichts anderes als dieses Zeug zu trinken bekommen und möchte nun endlich wieder einmal etwas Menschenwürdiges genießen. Hoffentlich haben Sie durch den unglückseligen Zwischenfall mit der jungen Dame keinen schlechten Eindruck von mir bekommen, Inspektor?« Lordy bemühte sich, dialektfrei zu sprechen, was ihm nur schlecht gelingen wollte. »Ich war ein wenig angeheitert, bin aber jetzt wieder nüchtern. – Kennen Sie Mr. Walter Derrick, meinen Freund?« fragte er gedankenvoll und war auf Staines bejahende Geste hin höchst überrascht. »Ja –«, meinte er dann, »Derrick ist ein feiner Kerl, nur ein bißchen zu leichtgläubig. Ich lernte ihn am Rande der Wüste kennen. Er hauste mit einem Mann namens Cleave in einem Zelt, und beide suchten Gold. Walter war von einem Löwen angefallen und ziemlich scheußlich zugerichtet worden. Er hatte sich noch einige Meter weit schleppen können und wäre verdurstet, hätte ich ihn nicht gefunden. Er hat bestimmt nicht vergessen, daß ich ihm das Leben rettete. Er wird mich mit offenen Armen empfangen: ›Na, mein alter Lordy‹, wird er sagen, ›wie geht's dir denn? Freue mich, dich zu sehen und dir dein gutes Werk vergelten zu können.‹ Ja, er ist ein richtiger Spaßvogel. Und Verstand? Na, Sie wissen ja, wie er ist.

Klug und geschickt. Alles, was er anfaßt, hat Hand und Fuß.« Er unterbrach sich, um genießerisch einen Schluck zu trinken. Dann fuhr er fort: »›Geld‹, wird Walter sagen, ›Geld spielt bei mir überhaupt keine Rolle – wieviel brauchst du?‹«

»Hoffen wir, daß es so sein wird«, sagte Staines skeptisch.

»Bestimmt. Wir Pioniere halten zusammen, sind andere Kerle als ihr hier. Mein Bruder war einer der ersten, die Südafrika mit erschließen halfen, und auch ich kenne das Land von Süd bis Nord, sogar in die Kalahari bin ich vorgedrungen, und sie hat ihre Schrecken für mich verloren.« Wiederum unterbrach er sich und überlegte, ob es wohl ratsam sei, dem Inspektor etwas mitzuteilen, was er bereits andeutungsweise gestreift hatte. Endlich entschloß er sich. »Es ist das beste, ich schenke Ihnen reinen Wein über mich ein, Sir. Sie werden ja doch alles herausbekommen, was Sie wissen wollen. Ich werde Ihnen hier zwar keine Schererein machen, aber ... Nun ja, ich habe schon ein paarmal – gesessen. Es hat gar keinen Zweck, Sie hinters Licht führen zu wollen. Das erstemal waren es nur zwölf Monate, das zweitemal dreieinhalb Jahre. Nur der Alkohol war beide Male daran schuld, Sir. Ich bin von Leuten verführt worden, die älter waren und verständiger hätten sein sollen. Jetzt kann mir das nicht mehr passieren. Ich habe erfahren müssen, daß sich Unehrlichkeit nicht lohnt.«

»Was hatten Sie denn ausgefressen?« wollte Dick wissen.

Lordy Brown hüstelte verlegen.

»Schlimm war es nicht, Sir. Jedenfalls war ich immer nur der Verführte.«

Er schien auf die Gründe, die ihn hinter schwedische Gardinen gebracht hatten, nicht sehr stolz zu sein. Als Staines in ihn drang, versuchte er es mit allerhand Ausflüchten, bequemte sich aber schließlich doch, die annähernde Wahrheit zu gestehen.

»Ich hatte einigen Goldsuchern ihre Nuggets abgenommen, Inspektor. Sie waren betrunken und auch ich nicht ganz nüchtern. Ich weiß heute noch nicht, wie ich auf den Gedanken gekommen bin. Die Polizei hat natürlich geschworen, ich sei nüchtern gewesen, und so wurde ich eben hinaufgeschickt – Pretoria, Zentralgefängnis, lautete damals meine Adresse. Das zweitemal, als ich herangeholt wurde, war ich überhaupt unschuldig. Jemand hatte mir erzählt, er kenne einen Herrn, der Diamanten kaufen wolle. Das darf man ja, wie Sie wissen werden, in Südafrika nicht ohne Konzession ...«

»Ja, ich weiß – illegaler Diamantenhandel, nicht wahr?« warf Dick ein.

»So ist es. Ich ging zu dem Leichtsinnigen hin und teilte ihm mit, daß die Polizei sich für ihn interessiere. Vielleicht habe ich dabei ein paar Worte wegen einer kleinen Belohnung fallenlassen, die mir für meine Warnung zustehe. Er zeigte mich an, und es stellte sich heraus, daß ich an die falsche Adresse geraten war. Der Herr betrieb gar keinen Handel mit Edelsteinen. Sie haben mir für meinen Irrtum nahezu vier Jahre aufgebrummt ...«

»Also – Erpressung, wie?« nannte Staines das Kind beim Namen.

Lordy versuchte gar nicht erst, den Angriff zu widerlegen. Er hielt es aber für notwendig, zu betonen, daß sein beabsichtigter Besuch bei Derrick mit Erpressung nichts zu tun habe.

»Walter ist ein Kavalier –«, bekräftigte er seine bereits geäußerte Meinung. »Er ist nur ein bißchen zu freigebig. Er – krumme Sachen drehen? Nein, nie! Einen Humor hat er, der unverwüstlich ist. Wissen Sie, was er sagte, als ihn der Löwe angefallen hatte? Er nannte das zerfleischte Bein den ›Löwenanteil‹. Wirklich, ein Mann, wie er sein muß.«

Nein, um Gottes willen, er, Lordy, sei nicht in Geldverlegenheit. Wie komme der Inspektor auf eine solche Idee? Er habe ein paar Pfund von ›drüben‹ mitgebracht, die reichten aus. Er bedaure zwar, daß er Südafrika verlassen habe, aber die Not habe ihn gezwungen, nach London zu fahren.

Dick war sich über die wirklichen Gründe der Reise nicht einen Augenblick im unklaren – die Luft war Lordy wohl zu dick geworden, und er hatte eine Luftveränderung vorgezogen.

»Nun, und was haben Sie jetzt wieder drüben ausgefressen?« fragte er ihn unverblümt.

»Ach, eine Kleinigkeit, Mr. Staines – wenn man erst einmal bei der Polizei ›hängt‹, dann ist es mit der Ruhe vorbei. Es wird einem alles zugeschoben, was andere ausgefressen haben. In Kapstadt wohnen eine Menge Ganoven, und wir Unschuldigen müssen unter ihren Streichen leiden. Wovon leben die vielen Leute dort, die den ganzen Tag nichts arbeiten – nur von der Sore!«

»Wer ist eigentlich jene Miss de Villiers, die Sie vorhin der jungen Dame gegenüber erwähnten?«

Brown blickte den Inspektor versonnen an.

»Ach – die? Ich kenn' sie nur oberflächlich.«

»Wohl auch eine Ganovin?« schlug Dick auf den Busch.

»Ich verpfeife keine Dame –«, verwahrte sich Lordy.

Auf dem Nachhauseweg ließ Dick den Vorfall noch einmal an sich vorüberziehen. Es war klar, daß Brown wirklich geglaubt hatte, der de Villiers gegenüberzustehen, als er Mary Dane belästigte. Und er schien dabei von nichts weniger als freundschaftlichen Gefühlen beseelt gewesen zu sein.

Der Verdacht, daß Mary Dane und ihre vermuteten Doppelgängerinnen ein und dieselbe Person seien, ließ Dick nicht zur Ruhe kommen. Oder hatte Brown sich wirklich getäuscht? Sie beide hatte das Mädchen auf der nächtlichen Straße sofort erkannt. Was wollte die Unbekannte in Derricks Haus? War sie Derrick feindlich gesinnt? Was wollte sie durch diese fortgesetzten Einbrüche erreichen? Und der Mord von Slough? War das Mädchen vielleicht eine Verwandte des damaligen Opfers und suchte nun die Tat zu rächen, da das Gesetz dazu nicht imstande gewesen war? Doch solche Dinge, sagte sich Dick, kamen in Romanen, nicht aber im wirklichen Leben vor. Trotzdem kam er in seinen Überlegungen immer wieder auf einen Punkt zurück: War der Mörder von Slough nicht doch an all diesen Dingen beteiligt, die sich abgespielt hatten? Wollte er an die Fingerabdrucksammlung des alten Derrick heran? Nein, das war nicht möglich, denn wenn er wußte, daß Josua Derrick seinen Abdruck besessen hatte, würde er wohl auch wissen, daß die Sammlung inzwischen verbrannt worden war. Suchten die Einbrecher die versteckten Vermögensteile des alten Spekulanten? War Mary Dane an alldem beteiligt?

Schlaflos wälzte sich der verliebte Dick auf seinem Lager herum, und es dauerte lange, bis sich seine müden Augen zum Schlummer schlossen.

Als er anderntags Mary Dane in ihrem Hotel in der Gower Street aufsuchen wollte, war sie bereits abgereist, hatte aber einige Zeilen für ihn hinterlassen.

»Die Dame sagte, daß Sie heute kommen würden, Mr. Staines«, teilte ihm das Zimmermädchen mit, »und bat, Ihnen diesen Brief auszuhändigen.«

Wie genau Mary gewußt hatte, daß er sie besuchen würde! Der Brief verbesserte Dicks Laune nicht.

›Mein lieber Mr. Staines, ich mußte leider abreisen, ohne Ihren vermuteten Besuch abwarten zu können. Man hat mich heute morgen von Littlehampton angerufen, daß der Zustand von Mr. Cornfort ernster geworden sei. Vielleicht essen wir ein andermal zusammen?

Ihre Mary Dane.‹

Dick betrachtete den Brief als reinen Hohn, und er ärgerte sich wirklich darüber.

»Der Teufel soll alle Weiber holen!« murmelte er wütend vor sich hin, als er das Hotel verließ.

Den Rest des vergällten Tages brachte er damit zu, zum soundsovielten Male die Aktenstücke zu studieren, die den Raubmord von Slough behandelten. Er entnahm ihnen auch diesmal nichts Neues. Doch der Hergang des Verbrechens fesselte ihn immer wieder von neuem.

Ein gewisser Carter hatte aus Richtung Maidenhead ein Motorrad heranrasen sehen. Der Fahrer trug eine braune Lederjacke, seine Augen waren hinter dunklen Schutzgläsern verborgen. Seine Größe konnte der Zeuge nicht angeben, da er den Täter nur auf dem Rad sitzend gesehen hatte. Der Ermordete, vierzig Jahre alt, war des öfteren ermahnt worden, die Gelder nicht allein zu holen, doch hatte er alle Mahnungen in den Wind geschlagen. Auch am Morgen der Tat war er wieder allein zu Fuß zur Bank gegangen, um sechshundert Pfund Lohngelder abzuholen. Der vom Zeugen Carter beobachtete Motorradfahrer hatte gegenüber der Bank angehalten und sich, als wolle er einen aufgegangenen Schnürriemen binden, niedergebeugt. Als der Geldbote sich auf gleicher Höhe mit dem Täter befand, hatte dieser plötzlich eine Pistole gezogen, den Unglücklichen niedergeschossen und ihm die Aktenmappe entrissen, um gleich darauf, unter den Blicken der entsetzten Passanten, zu verschwinden. Die Mordwaffe hatte er, als er sich der Aktentasche bemächtigte, fallenlassen. Obwohl die Verfolgung sofort mit allen verfügbaren Kräften aufgenommen worden war, blieb sie völlig ergebnislos. Der Fingerabdruck auf dem Pistolenlauf war und blieb die einzige greifbare Spur vom Täter. Wahrscheinlich gehörte er den besseren Kreisen an und hatte seine Flucht ins Ausland ungehindert bewerkstelligen können.

Das war der Mord von Slough, wie er sich Staines nach eingehendem Studium aller Zeugenaussagen darstellte. Viel war damit nicht anzufangen.

So hoch die Wogen der Empörung über den brutalen Mord damals auch schlugen – brauchbare Hinweise aus dem Publikum waren keine eingegangen, und selbst die üblichen unterirdischen Informationsquellen, auf die keine Polizei der Welt verzichten kann, hatten sich als unergiebig erwiesen. Der Täter blieb verschwunden.

Dick hatte eben das Aktenstück in die Registratur zurückbringen lassen, als sein Telefon klingelte.

»Sind Sie es, Staines?«

Es war Walter Derricks Stimme.

»Ja, hier Inspektor Staines. Gibt es etwas Neues?«

»Nein, Gott sei Dank nicht. Ich rufe nur an, um Sie einzuladen, morgen oder übermorgen das Wochenende bei mir in Godalming zu verbringen. Ja, Weald will auch kommen. Nein, nur wir drei, sonst niemand. Sie werden sich zwar langweilen, aber dafür ist es herrlich hier draußen. Also, kommen Sie – ja?«

Dick hatte nichts Besonderes vor und nahm die Einladung an. Er wollte schon aufhängen, als er sich der Begegnung mit Lordy entsann.

»Ich traf gestern einen alten Freund von Ihnen, Derrick!«

»Einen alten Freund von mir? Wer soll denn das gewesen sein?«

Die Frage klang verwundert.

»Ich gebe Ihnen morgen einen genauen Bericht – jedenfalls war es ein ganz merkwürdiges Pflänzchen.«

»Dann scheint es sich doch um einen Freund von mir zu handeln!« lachte Derrick. »Männlich oder weiblich? Oder gar mein Familieneinbrecher?«

»Nein, so interessant ist der Mann doch wieder nicht.«

Bevor Staines London verließ, erkundigte er sich bei der ›Union Castle Line‹, ob Lordy Brown wirklich Passagier der ›Glamis Castle‹ gewesen sei. Weder in den Listen dieses Schiffes noch der anderen, die in den letzten Wochen von Kapstadt in London eingetroffen waren, fand er den gesuchten Namen. Brown mochte es wohl für richtiger gehalten haben, inkognito zu reisen, um die dortige Polizei über seine Absichten im unklaren zu lassen. Kapstadt wurde seit Monaten von einer wahren Einbruchsepidemie heimgesucht, und so war es leicht möglich, daß Lordy Brown der Boden Südafrikas zu heiß geworden war und er ein ihm zuträglicheres Klima vorgezogen hatte. Mittlerweile war telegrafisch auch Browns Strafregisterauszug aus Kapstadt angefordert worden und eingetroffen. Er wies nicht nur zwei, sondern mindestens ein Dutzend Vorstrafen auf. Sogar in der belgischen Kongokolonie hatte Lordy für längere Zeit eine Zelle beziehen müssen.

8

Derricks Landhaus lag an der Grenze von Sussex und Surrey, ganz in der Nähe von Singleton. Es war klein, aber mit allem Komfort ausgestattet. Derrick, der Staines vom Bahnhof abholte, erkundigte sich interessiert nach dem Stand der Dinge in London, besonders aber nach seinem Haus am Lowndes Square. Wegen des Hauses konnte ihn Dick beruhigen. Er hatte sich nochmals zum Lowndes Square begeben und beide Wächter auf ihrem Posten gefunden.

»Die ganze Sache«, gestand Derrick, »hängt mir schon zum Hals heraus. Wenn die Einbrecher wirklich hinter dem verborgenen Vermögen meines Vaters her sind, so scheinen sie doch ebensowenig zu wissen, wo es steckt, wie ich. Ich will nächstens einen Baumeister beauftragen, sachkundig zu suchen. Vielleicht habe ich dann endlich Ruhe.«

Tommy kam seinem Freund entgegen und drückte ihm die Hand.

»Endlich eine Gelegenheit, diesen trostlosen Landaufenthalt ein wenig abwechslungsreicher zu gestalten!« rief er aus.

»Das klingt nicht gerade schmeichelhaft für mich!« stellte der Gastgeber lachend fest.

Aber Tommy fand es nicht einmal der Mühe wert, sich zu entschuldigen.

»Es ist schon so, Derrick«, verteidigte er sich. »Erst das Fegefeuer, sämtliche Verwandten aufsuchen zu müssen, und dann als Abschluß die Einladung hierher – in Herrengesellschaft! Wie großartig könnte ich mich dagegen jetzt in Bognor amüsieren ... Dick, ist das Mädchen nicht wirklich entzückend?«

»Wer hat denn nun schon wieder Ihr Herz in Besitz genommen, Tommy?« erkundigte sich Derrick.

Staines wußte auch ohne die Antwort Lord Wealds, wer die Dame war. Aber er hatte wenig Lust, die Unterhaltung über dieses Thema fortzusetzen.

Der Abend wurde wirklich so langweilig, wie Tommy befürchtet hatte. Der Hausherr schien müde und mißgestimmt zu sein. Tommy gähnte sich von Gang zu Gang durch, wenn er zwischendurch nicht gerade von der ›himmlischen Krankenpflegerin Cornforts‹ schwärmte.

»Wo kann man denn diesen Engel in Menschengestalt einmal besichtigen?« wollte Derrick wissen. »Kennen Sie die Dame, Staines?«

»Auch Sie kennen sie, Mr. Derrick – Ihr Wagen hätte ihr beinah den Lebensfaden abgeschnitten.«

»Ach so, die Dame von Brighton?« fiel es Derrick endlich ein.

»Der Teufel hätte Sie geholt, wenn Sie diesen Engel überfahren hätten . . .«

Tommy gähnte, und als ihm sein Gastgeber vorschlug, sich schlafen zu legen, befolgte er diesen Rat, ohne zu zögern.

Dick und der Hausherr machten noch einen Spaziergang im Park, der im vollen Mondlicht lag.

»Hier vergißt man sogar, daß es so etwas wie Scotland Yard gibt«, bemerkte Derrick. »Keine Verbrecher, keine Diebe, nichts . . . Wer ist eigentlich dieser merkwürdige Freund von mir, den Sie gestern getroffen haben?«

»Ach, die Sache interessiert mich –«, erwiderte Dick und lachte vor sich hin. »Kennen Sie einen gewissen Lordy Brown?«

»Brown? Ja, der Name kommt mir allerdings bekannt vor. Wer ist der Mann? Ein Artist?«

»Ja, wenigstens wenn es sich darum handelt, die Taschen seiner Mitmenschen zu erleichtern. Können Sie sich daran erinnern, als Sie in Afrika von einem Löwen angefallen wurden, Mr. Derrick? Aus jenen Tagen stammt die Bekanntschaft mit Lordy Brown.«

»Ach, der, der mich fand? Ein Mensch mit außerordentlich hagerem Gesicht und kleinen, kugelrunden Augen? Spricht immer von sich und seiner Ehrlichkeit? Ja, den kenne ich, hielt ihn aber für tot. Wo sind Sie ihm begegnet?«

»Ich traf ihn zufällig, hätte aber von seinem Hiersein vermutlich auch auf dienstlichem Wege erfahren. Meiner Abteilung untersteht ja die Überwachung unerwünschter Fremder, und Browns Sündenregister ist derart, daß man ihn wohl als solchen bezeichnen darf.«

»Und er gab sich Ihnen gegenüber als Freund von mir aus?« Derrick lachte. »Seine Frechheit ist unbezahlbar. Er hat mich zwar gefunden, aber auch die Gelegenheit benutzt, aus meinem Zelt ein Pfund Gold mitlaufen zu lassen, das mein Kamerad und ich mühselig ausgewaschen hatten.«

»Nein, davon sprach er allerdings nicht«, erwiderte Staines und lachte auch.

Derrick erinnerte sich nach und nach der näheren Umstände seiner ›Freundschaft‹ mit Lordy.

»Er besitzt wirklich eine außergewöhnliche Frechheit«, sagte er. »Ich sein Freund? Daß ich nicht lache! Hat er Ihnen gesagt, daß ich ihn beinahe hätte verhaften lassen? Er kam als steckbrieflich Verfolgter zu uns, und ich sandte einen Boten nach der fünfzig Meilen entfernten Polizeistation, um ihn festnehmen zu lassen. Er hatte wohl Lunte gerochen, denn er verschwand rechtzeitig unter Mitnahme des erwähnten Goldes. Nein, Mr. Staines, der Mann ist eher mein Feind. Hätte er sich zur Zeit der Einbrüche schon in England aufgehalten, würde ich ihn ohne weiteres für verdächtig erklärt haben. Ihm traue ich so etwas eher zu als jedem anderen, denn . . .«

Er unterbrach sich und ließ die Gründe, die ihn zu seiner Annahme veranlaßten, unausgesprochen.

»Aufsuchen wird er Sie wohl auf jeden Fall«, prophezeite Staines. »Er wohnt im Howfolk Hotel in der Nähe des ›Strand‹. Ich glaube, er ist in Druck.«

»Von mir wird er nichts erben«, versicherte Derrick. »In Afrika hat er, wie ich mich jetzt erinnere, ein paarmal wegen Erpressung gesessen. Wenn er es wagen sollte, mein Haus zu betreten, werde ich ihn festnehmen lassen. Mit meinem südafrikanischen Partner Cleave hat er sich allerdings besser vertragen als mit mir. Der arme Cleave! Er verschwand eines Tages spurlos in der Wüste, wahrscheinlich hat ihn ein Löwe gefressen. Ja, ja, ich erinnere mich gut an Brown. Einmal versuchte er es auch in Kapstadt mit Erpressung, aber er war an die falsche Adresse gekommen und mußte brummen. Sein Vorleben würde Stoff für einen Roman abgeben. Er will mich besuchen? Nun, dann hat er mir wohl schon geschrieben, und der Brief liegt in der Stadt. Ich werde ihn aber doch empfangen, wenn ich nächsten Donnerstag am Lowndes Square bin.«

Erst am Sonntagmittag kam er wieder auf das Thema zurück.

»Bitte, machen Sie doch ausfindig«, bat er Staines, »ob Brown schon wegen Einbruchs vorbestraft ist. Es wäre vielleicht gut, wenn wir uns vergewisserten, ob er an den Einbrüchen in mein Stadthaus wirklich unbeteiligt ist.«

Nach dem Essen pflegte Derrick zu schlafen. Für Tommy

Weald war die Aussicht, den schönen Nachmittag hier zu verbringen, unerträglich. Er winkte Dick verschwörerisch zu.

»Draußen steht mein Wagen – komm, wir fahren nach Bognor!«

»Hast du dort auch eine Tante?«

Tommy kicherte verschmitzt vor sich hin.

»Nein, ich hoffe, Mary Dane zu treffen. Sie fährt ja dauernd mit dem alten Idioten am Strand auf und ab. Sie wird sich freuen, uns zu sehen. Jedesmal, wenn ich ihr begegne, fängt sie von dir zu sprechen an, ergeht sich in Lobeshymnen über deine Klugheit und wundert sich, daß Leute wie du sich bei der Polizei wohl fühlen können.«

Es bedurfte keines großen Zuredens mehr, um Dick zu dem Ausflug zu verleiten. Aber dann schien es, als hätten sie die Fahrt vergeblich unternommen. Über zwei Stunden spazierten die beiden am Strand von Bognor auf und ab, ohne daß sich das Mädchen auch nur von fern blicken ließ. Tommy mahnte bereits verdrießlich zur Rückkehr, und sie wollten sich eben zum Auto begeben, da tauchte die Erwartete plötzlich auf, wie immer den Krankenstuhl begleitend. Sie schien von der Anwesenheit der Freunde gar nicht überrascht.

»Ich habe Sie schon seit langem beobachtet«, stellte sie seelenruhig fest und wandte sich dann ausschließlich an Dick. »Was haben Sie eigentlich aus jenem schrecklichen Menschen herausgepreßt, Mr. Staines? Haben Sie ihn an dem Abend wirklich noch getroffen?«

Tommy lief hinter den beiden her, als gehöre er nicht dazu.

»Der Arzt hat Mr. Cornfort eine Kur in Clacton empfohlen«, teilte Miss Dane im Lauf des Gesprächs Dick mit. »Wir fahren erst nach Margate und von dort weiter nach Clacton on Sea.«

»Was fehlt Mr. Cornfort eigentlich?« fragte Dick, nicht aus Interesse für den alten Herrn, sondern im Gegenteil, um seine Gleichgültigkeit nicht merken zu lassen. Gleichwohl musterte Mary Dane ihn streng, als sie antwortete:

»Es gehört sich nicht, Mr. Staines, sich bei einer Krankenpflegerin nach der Krankheit ihrer Pflegebefohlenen zu erkundigen.«

Für Tommy war die Fahrt nach Bognor zur Enttäuschung geworden. Auf der Rückfahrt nach Keyley ließ er seinem Ärger freien Lauf. Er schimpfte wie ein Rohrspatz, bis Dick ihn unterbrach.

»Wann fährst du nach London zurück, Tommy?«

»Nächsten Monat. Ich muß noch eine Erbtante besuchen. Warum fragst du?«

»Wieviel Tanten hast du eigentlich noch? Nein, ich wollte dich bitten, mich nochmals als Untermieter in dein Haus aufzunehmen. Ich hab' mich in das Schlafzimmer verliebt und möchte ... Paß doch auf, wo du hinfährst, Tommy, und stier mich nicht so an!«

»Was willst du denn in meinem Haus?« wunderte sich Tommy. »Sherlock Holmes spielen, wie? Wenn ja, dann soll meine Erbtante der Teufel holen – ich fahre mit dir nach London!«

Dick zögerte, Tommy reinen Wein einzuschenken. Es war möglich, daß er jemand brauchte, der ihm beistand, wenn sein Verdacht sich als richtig herausstellte. Aber – war Tommy der geeignete Mann dazu? Staines wollte Scotland Yard in diesem Stadium der Ermittlungen nicht mit Bitten um Hilfe kommen. Dennoch war es möglich, daß in den nächsten Tagen ein neuer Einbruch bei Walter Derrick versucht würde. Endlich entschloß er sich, Tommy einzuweihen.

»Nun fahr mal etwas langsamer, mein Junge!« mahnte er, denn der Wagen brauste noch immer mit mindestens achtzig Meilen dahin. »Ich kann dir zwar keine besonderen Abenteuer versprechen, aber wenn du willst, kannst du mir helfen. Du mußt dich aber genau nach meinen Befehlen richten und keine Sondereskapaden unternehmen. Vielleicht gelingt es mir sogar, dich trotz deiner Beschränktheit zu einem passablen Kriminalbeamten zu erziehen. Wann kannst du nach London kommen?«

»Mittwoch! Würde das genügen?«

»Ja. Ich bleibe heute nacht in deinem Haus. Gib mir ein paar Zeilen für deinen Diener mit, damit ich mich bei dir wie zu Hause bewegen kann. Hast du Schußwaffen im Haus?«

»Zwei Revolver.«

»Hoffentlich hast du den erforderlichen Waffenschein, Lord Weald? Sonst würde ich dich, wenn mir keine andere Verhaftung gelingt, wegen unbefugten Waffenbesitzes anzeigen! Wo bewahrst du denn die Revolver auf?«

Tommy schilderte umständlich und wortreich, wo er die Waffen aufbewahrte. Nach langem Hin und Her stellte sich heraus, daß sie im vierten unteren Fach seines Schreibtisches lagen.

Derrick hatte den beiden ihren Ausflug nicht übelgenommen. Sie fanden ihn im Garten, als sie zurückkamen.

»Ja, ich weiß, ohne Frauen ist es langweilig hier«, räumte er ein. »Ich wollte schon die Krankenschwester einladen, die sich hier herumgetrieben hat.«

»Eine Krankenschwester?« riefen die beiden Freunde gleichzeitig aus.

»Ja – wer sie ist, weiß ich nicht. Sie lief ungeniert hier im Garten herum, anscheinend meine Blumen bewundernd. Sie war so hübsch, daß ich es nicht übers Herz brachte, sie darauf aufmerksam zu machen, daß mein Grundstück keine öffentliche Anlage sei. Sie sah übrigens dem Mädchen von Brighton außerordentlich ähnlich. Kann sein, daß ich mich täusche, denn in der Tracht ähneln sich diese Mädchen ja alle mehr oder weniger.«

»Wann war das?«

»Vor einer Stunde.«

»Dann kann es jedenfalls die Dame von Brighton nicht gewesen sein«, versicherte Staines.

»Meine Besucherin war übrigens nicht allein – ein Mann wartete draußen auf sie. Ich sah ihn durch die Zaunlücken. Sie stiegen in ein Auto und fuhren weg. Der Wagen hatte etwas weiter vorn gewartet.«

»Fiel Ihnen an dem Mädchen etwas Besonderes auf?« fragte Staines weiter.

»Sie kam nicht ganz in meine Nähe«, erwiderte Derrick nach kurzem Überlegen. »Sie trug aber, soviel ich sah, hellgelbe Handschuhe, was mir, da ja meist weiße zur Tracht getragen werden, besonders auffiel.«

Mary Dane hatte, als die beiden Freunde ihr in Bognor begegneten, hellgelbe Handschuhe getragen! Warum trug auch sie nicht die üblichen weißen? Wer war die mysteriöse Doppelgängerin?

Der Inspektor verabschiedete sich von seinem Gastgeber, um nach London zurückzukehren. Derrick, den die frühe Abreise zu betrüben schien, bot ihm an, ihn mit dem Wagen nach London zurückbringen zu lassen, was Staines gern annahm, da die Zugverbindung – besonders sonntags – entsetzlich war. Vorher telefonierte Tommy noch mit seinem Diener und instruierte ihn über den zu erwartenden Gast.

Als Staines dann gegen Abend in London eintraf, war auch alles zu seinem Empfang bereit.

Während er den Kaffee servierte, ließ der Kammerdiener die Bemerkung fallen:

»Die weibliche Dienerschaft macht um das Nebenhaus einen großen Bogen, Mr. Staines!«

»Warum das?« fragte Dick.

»Sie sagen, es gehe dort um. Das ist natürlich Unsinn – aber auch der Wächter, der drüben wohnt, ist dieser Meinung. Er will dem verstorbenen Mr. Derrick begegnet sein. Er kannte ihn vor seinem Tod und zweifelt nicht daran, dessen Geist begegnet zu sein.«

Das war das erstemal, daß Staines etwas vom Gespenst des alten Spekulanten erfuhr. Er meldete, sobald Minns das Zimmer verlassen hatte, ein Gespräch nach Kerley an. Derrick war am Apparat.

»Das ist natürlich Unsinn –«, anwortete dieser, nachdem er sich Dicks Bericht angehört hatte. »Sonst müßte ich ja früher schon etwas davon erfahren haben.«

»Würden Sie mir gestatten, den geistersehenden Larkin mir einmal vorzunehmen?«

»Natürlich, gern. Rufen Sie ihn an, oder suchen Sie ihn persönlich auf. Sie können ihn ja auch kommen lassen – hoffentlich wird dann nicht gerade eingebrochen, wenn er bei Ihnen ist.«

Staines ging ins Nebenhaus, um mit Larkin zu sprechen. Er traf ihn beim Abendessen.

»Ja, Sir«, antwortete er auf die Frage des Inspektors, »ich war wirklich zu Tode erschrocken, als ich auf einmal den alten Derrick so vor mir stehen sah. Ich bin kein altes Weib und war Soldat. Ich glaube nicht alles, was man mir sagt, aber was ich mit eigenen Augen sehe, muß ich doch wohl glauben – und ich sah den Alten wirklich!«

»Erkannten Sie ihn denn?«

»Gewiß. Ich habe ihn vor seinem Tod unzählige Male gesehen. Er kam ja beinah jeden Tag in unser Büro. Ich arbeitete damals für einen seiner Makler, der mich dann auch an Mr. Walter empfohlen hat, als der einen Wächter für dieses Haus suchte.«

»Beschreiben Sie bitte das Aussehen des Verstorbenen.«

»Er war hager, aber ziemlich klein. Ihnen hätte er kaum bis zu den Achselhöhlen gereicht. Außerdem hinkte er. Er war von weitem zu erkennen.«

Niemand hatte bis jetzt erwähnt, daß der alte Derrick gehinkt hatte.

»Was geschah, als Sie den Alten zu erblicken glaubten?«

»Ich saß, so wie gerade jetzt, beim Abendessen, als ich oben auf der Diele leise Schritte hörte. Ich nahm meinen Revolver und schlich langsam ins Obergeschoß hinauf. Da ich nichts sah, knipste ich das Licht an. Speisezimmer und Salon waren verschlossen, und ich wollte schon wieder umkehren, weil ich dachte, ich hätte mich getäuscht. Da wiederholte sich das Geräusch. Diesmal kam es von weiter oben, und ich kann nicht behaupten, daß ich mich mit dem Hinaufsteigen allzusehr beeilte. Endlich kam ich doch oben an, und dort, gegen das Geländer gelehnt, erblickte ich den alten Herrn, wie er leibte und lebte. Das Mondlicht beleuchtete voll sein Gesicht, und ich erkannte ihn sofort.«

»Und was taten Sie dann?«

»Erst stand ich wie versteinert und blickte ihm nach, während er sich, hinkend wie zu Lebzeiten, entfernte.«

»Haben Sie darauf das Stockwerk näher untersucht?«

»Ja, ausnahmslos jeden Raum. Alles war in bester Ordnung. Natürlich beeilte ich mich, so rasch wie möglich in die Küche zurückzukommen. Der Appetit auf das unterbrochene Abendessen war mir allerdings vergangen.«

»Sie armer Kerl!« rief Dick bedauernd und lachte herzlich.

Verlegen blickte Larkin zu Boden.

»Ja, Sir, Sie haben leicht lachen. Wer weiß, wie sich ein anderer an meiner Stelle benommen hätte! Hier im erleuchteten Zimmer klingt natürlich alles ganz harmlos – aber dort auf dem mondbeschienenen Korridor konnte einen doch das Gruseln ankommen. Ich war ja allein im Haus und einem Geist gegenüber wehrlos. Es ist auch nicht das erstemal gewesen, daß der Alte hier geisterte. Mein Kollege, der eine Zeitlang das Haus mitbewachte, erzählte mir, daß er ein paarmal einen alten Herrn vor dem Haus habe auf und ab gehen sehen. Natürlich kannte er ihn nicht, denn er hatte mit dem alten Derrick nie etwas zu tun gehabt. Aus seiner Beschreibung ging aber klar hervor, daß es der Alte gewesen sein mußte.«

»Wie soll denn der Geist – oder, besser gesagt, der Mann, der Derricks Geist spielte, ins Haus gekommen sein?« fragte Staines.

»Bestimmt nicht durch die Haustür – die ist immer verschlossen.«

»Auch verriegelt?«

»Nein. Riegel und Kette sind zwar geeignet, jemand vom Eindringen ins Haus abzuhalten, sie behindern einen aber auch beim Verlassen des Hauses.«

»Das heißt, Sie könnten bei verriegelter Haustür und vorgelegter Kette nicht so schnell ausreißen, wie es Ihnen unter Umständen wünschenswert erscheinen könnte, wie? Wo schlafen Sie übrigens?«

»In der Küche, Sir.«

»Ich möchte, daß Sie von jetzt an oben im ehemaligen Büro Mr. Derricks schlafen.«

Larkin war von dem vorgeschlagenen Zimmerwechsel keineswegs entzückt.

»Das ist aber doch das Zimmer, in dem das Gespenst immer zu verschwinden pflegt, Mr. Staines!«

»Reden Sie keinen Unsinn!« fuhr der Inspektor ungeduldig auf. »Wir wollen lieber sehen, was wir für Ihre persönliche Sicherheit tun können.«

Zusammen begaben sie sich ins dritte Stockwerk und in das Zimmer, das Staines in jener Gewitternacht nach der Kletterpartie von Balkon zu Balkon zuerst erreicht hatte.

»Wenn Sie hier schlafen, Larkin, können Sie sich leichter mit mir in Verbindung setzen als von der Küche aus, denn ich habe mein Quartier direkt nebenan, auf gleicher Höhe im Nachbarhaus. Wenn sich etwas Ungewohntes ereignen sollte, brauchen Sie nur an die Zwischenwand zu klopfen.«

»Ich glaube nicht, Sir«, erwiderte der Wächter, »daß Sie mein Klopfen hören würden – die Wand ist meterstark.«

Sie beschlossen, einen Versuch zu machen. Staines begab sich hinüber in sein Zimmer. Kurz darauf hörte er schwache Klopfzeichen. Dann kehrte er ins Nachbarhaus zurück.

»Hörten Sie mich?« fragte ihn Larkin. »Ich habe mit dem Absatz gegen die Wand geschlagen.«

»Ich hörte es schon, glaube aber nicht, daß es stark genug gewesen wäre, mich aus tiefem Schlaf zu wecken. Warten Sie mal...«

Staines suchte Tommys Diener auf und fragte ihn, ob sich irgendeine Klingelanlage im Haus befände, was Minns bejahte – Lord Weald benutze eine solche vom Badezimmer aus. Der Diener brachte die komplette Anlage auch gleich herbei – es handelte sich um eine bewegliche, nirgends fest installierte Schnur. Das entsprach genau den Wünschen des Inspektors, und er nahm sie gleich mit.

»Es ist jetzt warm genug, um bei offenem Fenster zu schlafen –« setzte er drüben Larkin auseinander, »die Klingel selbst ziehen wir in mein Schlafzimmer hinüber, während Sie den Klingelzug in Griffweite haben. Sie können mich, ohne erst aus dem Bett steigen zu müssen, benachrichtigen, wenn sich etwas ereignet. Tagsüber können Sie ja unten in der Küche bleiben –

Sie brauchen erst heraufzukommen, wenn Sie schlafen gehen wollen.«

Nun war der Wächter über seine Sicherheit beruhigt.

Die erste Nacht verging ohne Störung. Als Staines bei Tagesanbruch auf den Balkon hinaustrat, stand Larkin schon auf dem Nebenbalkon.

»Nichts hat sich gerührt, Sir! Aber haben Sie sich das Oberlichtfenster im Korridor mal angesehen? Es kommt mir nicht ganz geheuer vor und schließt, soweit ich feststellen konnte, nicht recht.«

Zum zweitenmal schwang sich Staines über das Geländer seines Balkons, um die gefährliche Kletterpartie ins Nachbarhaus anzutreten.

Das erwähnte Oberlichtfenster erwies sich als Schacht, wohl als Notausgang gedacht, mit einer Feuerleiter, die zu einer Dachluke führte. Als Dick an dem herabhängenden Seil zog, senkte sich die Leiter so weit ins Treppenhaus hinab, daß sie benützt werden konnte. Er kletterte hinauf, in der Absicht, die Luke zu schließen, aber sie schloß tatsächlich nicht richtig. Dabei stellte er fest, daß ein paar Meter weiter, auf dem Dach von Wealds Haus, sich genau die gleiche, etwas vorstehende Schachtluke befand. Ein Eindringling würde kaum große Schwierigkeiten haben, auf diesem Weg ins Haus zu gelangen.

»Trotzdem«, äußerte Staines, als er wieder herunterkam, zu Larkin, »ich glaube kaum, daß unsere Einbrecher diesen Weg benützten.«

Kurz darauf verließ er das Haus. Er telefonierte mit seinem Chef, und Bourke bestellte ihn für den Nachmittag in den Yard. Staines war dann auch rechtzeitig auf dem Weg dorthin, als er am Piccadilly durch einen Autounfall aufgehalten wurde. Da die mit Bourke verabredete Zeit schon überschritten war, rief er im Yard an, um sein baldiges Erscheinen in Aussicht zu stellen. Bourke hatte jedoch inzwischen das Büro verlassen – er ließ ausrichten, Staines solle ihn erst später am Abend aufsuchen. Dick war nicht unglücklich darüber, und so schlenderte er gemütlich durch die Straßen. In der Berkeley Street blieb er einen Augenblick stehen und beobachtete den Verkehr.

Plötzlich schreckte ihn eine Stimme auf.

»Guten Tag, Inspektor!«

Es war Lordy Brown – doch welche Veränderung war mit dem Mann vorgegangen! Ein sicherlich nicht billiger, hochmoderner Anzug aus weichem Kammgarn unterstrich vorteilhaft die hagere Gestalt. Von der Weste hing eine Kette aus getriebenem Gold, und am Ringfinger blitzte ein hochkarätiger Diamant.

»Ein faszinierender Anblick, nicht wahr, Sir?« fuhr der frischgebackene Dandy fort. »Am Puls der Stadt, sozusagen ... Ja, interessant ist es hier – trotzdem, ich bin doch lieber in einer Kleinstadt. Dort kann man noch eine Rolle spielen, während hier das einzelne Individuum ja überhaupt nicht zählt.« Mit den neuen Kleidern hatte er sich auch eine gebildete Sprechweise zugelegt. »Als ich damals in Geelong ...«

»Sie sehen aus wie ein Don Juan, Brown!« unterbrach Staines die Tirade. »Sie haben wohl einen reichen Juden totgeschlagen?«

Brown schien diese Frage als einen ausgezeichneten Witz zu betrachten – er kicherte.

»Ich? Nein, wie kommen Sie auf eine solche Idee? Ich hatte mir ein paar Pfund gespart. Außerdem erhielt ich heute morgen aus Kapstadt Dividendenzahlungen auf einige meiner Wertpapiere.«

Er zog ein elegantes Zigarettenetui, ebenso neu wie alles an ihm, aus der Tasche und forderte den Inspektor auf, sich zu bedienen.

»Rauchen Sie, Mr. Staines?«

»Nein, wenigstens nicht Ihre Sorte.«

Ohne wegen des Korbs beleidigt zu sein, nahm Brown eine Zigarette aus dem goldenen Etui und zündete sie sich an.

»Kommen Sie, Inspektor, wir wollen eins trinken ...«

Staines nahm die Einladung an.

»Eine Tasse Tee will ich Ihnen nicht abschlagen, Lordy.«

»Man soll um diese Zeit keinen Alkohol trinken, darin haben

Sie recht«, pflichtete Lordy bei. »Ich fange auch erst nach dem Abendessen damit an. Allerdings vertrage ich dann so viel, daß ich mit Leichtigkeit zwei kräftige Männer unter den Tisch saufen könnte.«

Ein großes Kaffeehaus in der Coventry Street nahm die beiden auf. Lordy Brown war in rosigster Stimmung.

»Ich bin ein anständiger Kerl, Mr. Staines«, teilte er dem nur wenig interessierten Inspektor mit. »Ich glaube an eine göttliche Vorsehung, die einen Mann wie mich nicht im Stich läßt.«

»Haben Sie Mr. Derrick schon gesprochen?« stoppte Staines die Selbstbeweihräucherung.

»Ich habe es versucht – er ließ mich jedoch abweisen. Er sei auf dem Lande, sagte der Diener. In Keyley – oder wie das Kaff heißt. Daß ich nicht lache! Auf dem Lande – er!«

»Dort haben Sie wohl Ihr Glück nochmals versucht, wie?«

»Ja, gestern war ich dort – ich sah Sie gerade wegfahren. Ich ließ mich anmelden, aber er ließ mir sagen, daß er mich hier nicht empfangen könne, ich solle ihn in der Stadt aufsuchen. Das ist nun der Dank, daß ich ihm das Leben rettete! Was halten Sie von einer solchen Handlungsweise, Mr. Staines?«

»Dann sind Sie also unverrichteterdinge wieder abgezogen?«

»Ja. Ich sah ihn zwar von weitem, bekam ihn aber nicht zu sprechen. Er hat sich kaum verändert und sieht noch genauso aus wie früher.«

»Sie halten also Mr. Derrick nicht mehr für den Kavalier und patenten Kerl wie vor ein paar Tagen?«

»Nun, das will ich nicht unbedingt gesagt haben. Vielleicht hatte er schlechte Laune, oder er erinnert sich meiner nicht mehr genau. Er ist Geschäftsmann und will wohl sonntags auf dem Lande seine Ruhe haben. Das kann ich ihm eigentlich gar nicht verübeln. Ich will ihm seine Abweisung nicht nachtragen, denn ich bin ein versöhnliches Gemüt, und ich weiß, daß er eigentlich ein herzensguter Mensch ist.«

Brown zog ein Taschentuch hervor, wobei eine ziemlich dicke Banknotenrolle mit zum Vorschein kam. Verlegen versuchte er, sie unbemerkt zurückzuschieben. Aber Staines hatte die Augen offen gehabt.

»Sie sind recht gut bei Kasse, Brown? Ihre Dividenden scheinen sich prächtig zu entwickeln, wie?«

»Ja, die Papiere, die ich habe, sind wirklich gut. Ich habe zu leben und brauche nicht von anderen Leuten Wohltaten zu verlangen. Es würde Derrick wohl gar nicht auf ein paar hundert Pfund ankommen, aber ich würde sie, böte er sie mir an, glatt ablehnen. Mich für seine Rettung mit Geld bezahlen lassen? Nein, niemals. So ein Mann bin ich, Inspektor, ob Sie mir nun glauben oder nicht!«

»Oder nicht!« wiederholte Staines und lachte, wurde aber sofort wieder ernst. »Erinnern Sie sich der Dame, die Sie neulich belästigten? Die, die Sie Miss de Villiers nannten?«

»Ja, ich weiß, wen Sie meinen. Sie ist in Bognor und pflegt einen alten Herrn.«

Dem Inspektor blieb vor Staunen der Mund offen.

»Woher wissen Sie denn das?«

»Weil ich sie dort sah. Sie sieht dem Mädchen aus Kapstadt wirklich sehr ähnlich und ist genauso hübsch. Man würde sie für Zwillinge halten. Ich werde mich in Bognor niederlassen – ich habe mir dort ein Häuschen ausgesucht. Auch ein Auto will ich mir zulegen.«

»Sie müssen aber wirklich eine feine Sache gedreht haben, wenn Sie sich mit so hochfliegenden Plänen tragen, Brown!«

Vorwurfsvoll wies Lordy die anzügliche Bemerkung des Inspektors zurück.

»Sie täuschen sich wirklich – ich führe ein Leben hier wie ein Sonntagsschullehrer, Mr. Staines. Ich habe genug, um ehrlich leben zu können.«

»Obwohl Sie vor einigen Tagen noch die Hoffnung ausdrückten, Mr. Derrick würde sich Ihnen gegenüber für die Lebensrettung dankbar erweisen?«

»Der?« Brown lächelte mitleidig. »Der würde mir nicht einmal einen Hundekuchen schenken. Er gehört zu der Sorte, die einen alten Freund so schnell vergißt, wie sie ihn aus den Augen verliert.«

»Wie lange kennen Sie Mr. Derrick eigentlich schon?«

»Vier Tage!« lautete die verblüffende Antwort. »Das genügt

mir jedoch. Nein, Inspektor, wenn ich wirklich einmal auf Mr. Derrick finanzielle Hoffnungen gesetzt hatte, dann sind sie bereits auch in alle Winde zerstreut. Sein Vater war ein Geizhals, wie man mir erzählte. Nun, der Apfel fällt nicht weit vom Stamm. Aber was tut's? Die Welt ist voll von Chancen...«

Staines rief den Kellner und bezahlte für beide.

11

Dick schaute, bevor er den Yard aufsuchen wollte, auf einen Sprung bei Derricks Wächter vorbei.

»Nein, es war niemand hier, Sir«, antwortete Larkin auf seine Frage.

»Kein Telefon? Niemand hat sich angemeldet, um Teppiche auszumessen?« fragte Staines scherzhaft. »Oder hat man Sie diesmal eingeladen, übers Wochenende nach Timbuktu zu fahren?«

»Auf so was fall' ich nicht mehr herein, Sir – das wird mir nicht mehr passieren. Ich habe mit Mr. Derrick ein Codewort vereinbart, ohne das ich auf keinen wie immer gearteten Auftrag mehr eingehen werde.«

»Daran tun Sie gut«, stimmte Dick zu. Er mußte lächeln, als er Larkin sich alle Augenblicke furchtsam umblicken sah. »Ist das Gespenst wieder unterwegs?« fragte er.

»Nein, Sir – nicht, daß ich wüßte. Ich bin nur ein bißchen nervös geworden.«

Die Aussicht, eine zweite Nacht im oberen Zimmer verbringen zu müssen, behagte ihm wenig.

Dick fuhr nun in den Yard. Er war bereits wieder auf der Rückfahrt nach dem Lowndes Square, als er bei der South London Station ein Mädchen die Straße überqueren sah. Er stoppte seinen Wagen brüsk ab, aber bevor er hinausspringen konnte, war die Gestalt verschwunden. Es war Mary Dane oder ihre Doppelgängerin gewesen. Vielleicht hatte sie den Bahnhof betreten? Sie war und blieb unauffindbar.

Er mußte sich unbedingt vergewissern, ob es Mary gewesen war! Er hatte sich ja ihre Adresse in Bognor gemerkt. Sicher gab es in dem Haus Telefonanschluß!

Kaum hatte er sein Zimmer in Lord Wealds Haus betreten, meldete er das Gespräch an. Wenige Minuten später hatte er die Verbindung. Er fragte nach Miss Dane. Eine männliche Stimme antwortete ihm:

»Ich will nachsehen, ob sie im Haus ist – warten Sie bitte einen Augenblick!«

Zitternd vor unterdrückter Aufregung hielt Dick den Hörer ans Ohr gepreßt.

»Sie wollten mich sprechen, Mr. Staines?« hörte er plötzlich Miss Dane fragen.

»Sind Sie es selbst, Miss Dane? Ja? Hier spricht Dick Staines...«

Er hörte ein helles Lachen.

»Was wollen Sie denn, Mr. Staines? Sie möchten wohl Tommy am Apparat haben? Er sitzt nämlich draußen vor der Haustür und hält Wache.«

»Tommy?«

»Ja, Tommy! Er ist der ausdauerndste Mensch, den ich je kennengelernt habe. Was wollen Sie denn von mir?«

»Nichts Besonderes. Ich glaubte Sie vor wenigen Minuten hier in London gesehen zu haben.«

»So?« Der Hohn war unüberhörbar. »Sehen Sie noch immer Gespenster? Was für eine Langeweile müssen Sie haben, wenn sich bei Ihnen derartige Grillen festsetzen...«

Ohne ein weiteres Wort hängte sie ab, ihn wie ein gescholtenes Kind vor dem toten Apparat stehenlassend.

Er ging auf den Balkon und rief nach Larkin, der auf den Nebenbalkon hinaustrat. Der Mann schien jetzt zuversichtlicher zu sein.

»Ich glaube nicht, daß Ihr Schlaf heute nacht unterbrochen wird, Sir, unsere Einbrecher werden heute wohl kaum kommen.«

Dick hoffte es, denn er war müde, ohne sich erklären zu können, warum er so abgespannt sein mochte. Er zog sich aus und war nach wenigen Minuten fest eingeschlafen.

Der helle Tag schien bereits ins Zimmer, als ihn endlich die laute Stimme Minns' aus dem Schlummer weckte.

»Guten Morgen, Sir. Haben Sie gut geschlafen? Die Klingel hat Sie wohl nicht gestört, Sir?«

»Nein. Wir blieben beide unbelästigt.«

»Larkins Milchflasche steht noch vor der Haustür«, berichtete der Kammerdiener. »Für einen Nachtwächter hat er einen mehr als gesunden Schlaf, Sir, wenigstens heute – sonst läuft er gewöhnlich schon vor sechs Uhr morgens herum.«

Dick trat schnell auf den Balkon hinaus und blieb dort erschrocken stehen. Vor ihm lag die sauber durchschnittene Klingelleitung, die sein Schlafzimmer mit dem Larkins verbunden hatte.

So schnell wie möglich eilte er ins Zimmer zurück und kleidete sich notdürftig an. Dann schwang er sich von neuem über die Balkonbrüstung und begann die Kletterpartie ins Nebenhaus.

Larkins Bett war leer und sicherlich auch gar nicht benutzt worden. Auf dem Schreibtisch lag die Taschenuhr, auf dem Fußboden die Schußwaffe des Wächters. Übles ahnend, öffnete Staines die Tür und rief nach Larkin. Alles blieb still.

Vorsichtig stieg er die Treppen hinunter. Bevor er in die Küche ging, warf er einen Blick in den unverschlossenen Salon. Der Raum war in gewohnter Ordnung – nur in der Nähe des Kamins erblickte Dick einen Haufen Leintücher, die gestern nicht dort gelegen hatten. Wie kamen die Tücher hierher? Hatte Larkin im Salon geschlafen? Dick trat näher zum Kamin und sah, daß unter den Tüchern ein Männerstiefel hervorschaute. Mit einem einzigen Griff hatte er die Hüllen zur Seite gerissen. Erschrocken fuhr er zurück – dort am Boden lag eine bluttriefende Gestalt, deren Hände zum ewigen Schlummer über der Brust gekreuzt waren. Das Gesicht des Toten war lang und hager, die sonst braungetönte Haut von marmorner Blässe.

»Lordy Brown?« flüsterte Staines entsetzt. »Mein Gott!«

Er kniete neben dem Toten nieder und öffnete dessen Rock. Jemand schien versucht zu haben, die Todeswunde zu verbinden, denn eine blutbefleckte Bandage lag auf der Verletzung. War der Samariter – oder handelte es sich um eine Samariterin –

gestört worden? Neben dem leblosen Körper Lordys stand eine halbvolle Flasche mit Jodtinktur. Einige Zentimeter weiter entdeckte Staines ein kleines Besteckkästchen, wie es Krankenschwestern benutzen, und darin eine Visitenkarte, die ans Futter geheftet war. Auf der Visitenkarte stand:

›Von R. T. an M. D. – Väterchen wünscht Dir frohe Weihnacht!‹

»M. D.?« Leise flüsterte Dick die Buchstaben vor sich hin. »M. D. – Mary Dane?«

Ohne zu zögern, rief er Scotland Yard an. Bourke beantwortete seinen Anruf persönlich.

»Ich bin in zehn Minuten dort, Staines! Durchsuchen Sie inzwischen die anderen Zimmer.«

Auch in der Küche war Larkin nicht zu finden. Nur die kümmerlichen Reste seines gestrigen Abendessens standen noch auf dem Tisch. Vom Wächter selbst war im ganzen Haus keine Spur zu entdecken.

An der Haustür waren weder Kette noch Riegel vorgelegt. Der Schlüssel steckte im Schloß.

Dann erschienen die Beamten unter Bourkes Führung.

»Er war tot, als Sie ihn fanden?«

»Ja.«

»Wer mag ihn verbunden haben?«

»Ja, wenn wir das wüßten ...«

»Er ist erschossen worden«, sagte Bourke, nachdem er die Wunde geprüft hatte. »Der Pulvergeruch liegt jetzt noch in der Luft. Warten wir, bis der Arzt die Todesursache feststellt. Wie heißt er? Lordy Brown, nicht wahr?«

Die Taschen des Toten wurden durchsucht, doch war die Ausbeute gering. Lordy schien in London verschiedene Adressen gehabt zu haben. Schlüssel oder Dietriche, die auf die Art seines Eindringens ins Haus hätten hinweisen können, wurden nicht gefunden. Der Arzt erschien und untersuchte die Wunde. Revolverschuß – stellte er fest. Jetzt erst, als er gegangen war, machten sich die Beamten an die Durchsuchung des Hauses.

In Lordys Hüfttasche hatte man einen geladenen Browning

und einen Zettel gefunden, der in der fehlerhaften Orthographie des Verstorbenen folgende Notizen aufwies:

›Hyde Park – Makazin – Bricke, grünes Licht – links –
  11.30 – Viertel vor zwölf – Mr. Pinkey.‹

»Sie sind doch eine Art Hellseher, Staines –«, scherzte Bourke, »entziffern Sie gelegentlich mal diese Kritzeleien!«

Als der Tote weggeschafft worden war und die beiden allein zurückblieben, erkundigte sich Bourke:

»Haben Sie den Hausbesitzer benachrichtigt, Staines?«

»Noch nicht – ich hielt es für besser, zu warten, bis Sie kämen.«

»Rufen Sie ihn jetzt an«, ordnete der Chef an und ging zur Treppe, um sich Larkins neues Schlafzimmer im dritten Stock näher anzusehen.

Als Dick den Hörer abhob, um sich mit Keyley verbinden zu lassen, meldete sich statt des Fernamtes Bourke:

»Hier oben ist die Hauszentrale, Staines – ich habe mich eingeschaltet, um Ihnen das mitzuteilen!«

Kurz darauf meldete sich Walter Derrick am Apparat.

»Bitte, kommen Sie doch schnellstens nach London«, bat ihn Staines. »Erinnern Sie sich – wir haben neulich über diesen Brown gesprochen . . .«

»Natürlich. Er war gestern hier. Meine Leute haben mir, als er schon wieder weg war, Bescheid gesagt. Ins Haus wollte er nicht kommen – warum, weiß ich nicht. Was ist denn schon wieder mit ihm los? Hat er etwas ausgefressen? Ich dachte, er sei gekommen, um mich anzupumpen.«

»Nein, er wird kein Geld mehr brauchen – er ist verunglückt.«

»Was – ? Ist er – tot?«

»Ja. Wir haben ihn in Ihrem Salon gefunden.«

Ein entsetzter Ausruf Derricks, dann die Frage:

»Soll das etwa ein Witz sein? – Er versuchte wohl einzubrechen, wie? Ich sagte Ihnen doch, daß ich ihm alles zutraue.«

»Was er bei Ihnen wollte, können wir vorerst noch nicht sagen, Mr. Derrick. Jedenfalls wurde er bei Ihnen im Haus erschossen.«

Eine lange Pause. Dann wieder Derricks Stimme:

»Was sagt denn Larkin aus? Hat etwa er ihn erschossen? Larkin trägt ja einen Revolver bei sich.«

»Larkin ist spurlos verschwunden.«

»Um Himmels willen! Schöne Geschichten! Ich komme sofort.«

»Wissen Sie, wo Larkin sein könnte?« fragte Dick.

»Nicht die geringste Ahnung. Ich kann mich im Augenblick nicht einmal an seine Privatadresse erinnern.«

Dick wollte ihn noch bitten, Lord Weald mitzubringen, doch Derrick hatte schon aufgehängt.

Bourke trat ein.

»Haben Sie den Salon schon untersucht, Staines? Etwas gefunden?«

Einen Augenblick zögerte Dick, dann zog er das neben dem Toten gefundene Kästchen mit den Instrumenten aus der Tasche.

»Jemand wollte Brown nach dem Schuß verbinden«, sagte er. »Dieses Kästchen hier fand ich neben dem Toten. Die Samariterin scheint geprüfte Krankenschwester gewesen zu sein.«

»Ja, auch mich brachte der Verband auf diese Idee«, stimmte Bourke bei.

Eingehend untersuchte er das Etui, fand aber, da Dick es schon vorher entfernt hatte, das verräterische Kärtchen mit der Widmung nicht. Warum Staines dieses Corpus delicti seinem Chef vorenthielt, vermochte er in diesem Augenblick sich selbst nicht zu beantworten. Eine innere Stimme warnte ihn.

Etwas später meldete sich ein Zeuge, ein Würstchenverkäufer, der seinen Stand in der Nähe des Lowndes Square hatte und dort nachts an Chauffeure und andere Nachtarbeiter kleine Imbisse verkaufte. Er kannte Larkin, der öfter bei ihm vorbeikam, genau und hatte ihn gestern aus dem Haus kommen sehen. Wie er weiter erzählte, hatte ihm der Wächter im Vorbeieilen zugerufen, daß er es eilig habe, denn er müsse zum Kings Cross Bahnhof, um mit dem Mitternachtszug nach Liverpool zu fahren.

»Ist Derrick schon hier?« fragte Bourke, als der Zeuge wieder entlassen worden war.

»Ja, eben ist er eingetroffen«, erwiderte Dick, der mit dem Chef in die Diele hinaustrat. »Er scheint nicht recht zu wissen, was hier eigentlich gespielt wird.«

»Darin geht es ihm genauso wie uns«, meinte Bourke.

Im Salon lief Derrick wie ein Wilder auf und ab.

»Was halten Sie von der Sache?« überfiel er die beiden Beamten, als sie eintraten.

Staines zuckte die Achseln.

»Gestohlen wurde jedenfalls nichts, obwohl heute nacht mehr als eine fremde Person im Haus gewesen sein muß.«

»Warum glauben Sie das? Wo – lag denn – der Tote?«

Bourke zeigte auf den Fundort.

»Dort. Er hatte ein Kissen unter dem Kopf und war mit einem Leintuch zugedeckt.«

»Mein Gott!« Derrick sah grau aus. »Mehrere nächtliche Besucher in meinem Haus? Was hatten die Leute hier zu suchen? Ich habe vorige Nacht kein Auge zugetan, so sehr habe ich mich über den angeblichen Geist meines Vaters aufgeregt. Wo will Larkin ihn denn gesehen haben?«

»Verschiedentlich vor dem Haus und auch im Haus.«

»Unglaublich! Der Mann ist doch wirklich ein Idiot – voller Aberglauben und Gespensterfurcht. Hat er meinen Vater beschrieben – das heißt, seinen Geist?«

»Sogar sehr genau«, erwiderte Staines. »Er kannte ihn von früher her und schwört Stein und Bein, daß es der Geist Ihres Vaters gewesen sei. Sogar gehinkt soll er haben!«

»Gehinkt? Aber jeder, der will, kann doch hinken!« rief Derrick aus und wandte sich dann an Bourke: »Nein, im Ernst, was soll ich tun? Wie lange muß ich diesem Unfug noch zusehen? Ich bin keiner von denen, die wegen jeder Kleinigkeit zur Polizei laufen, aber wenn es wirklich einmal nötig ist, möchte ich in Schutz genommen werden. Ich will meine Ruhe haben, sonst verlasse ich London – meinen Wächter, der ja ohnehin nicht viel taugt, werfe ich hinaus, und dann sollen sich meinetwegen alle Geister und Einbrecher ein Stelldichein geben hier!«

Ein Beamter war eingetreten und hatte Bourke flüsternd eine Mitteilung gemacht.

»Eben erfahre ich, daß Larkin in Liverpool festgenommen worden ist«, eröffnete der Chef dem aufgeregten Derrick. »Larkin gibt an, er sei von Ihnen gestern abend kurz nach zehn angerufen worden, und Sie hätten ihm befohlen, mit dem Mitternachtszug nach Liverpool zu fahren. Dort sollte er Sie heute morgen in einem von Ihnen bestimmten Hotel erwarten. Er behauptet, Sie hätten ihm das vereinbarte Codewort genannt, sonst wäre er nicht gefahren.«

»Wir hatten das Wort ›Peterborough‹ ausgemacht«, sagte Derrick. »Merkwürdig — wie können diese Leute davon erfahren haben?«

»Kannte außer Ihnen beiden noch jemand das Wort?« fragte Staines.

»Nein, ich wüßte nicht, wer.«

»Sie haben also den Befehl an Larkin nicht gegeben, wie?« vergewisserte sich Bourke.

»Keinesfalls, denn ich hatte ja überhaupt nichts in Liverpool zu tun. Wahrscheinlich wollte man durch diesen Trick Larkin nur aus dem Haus lotsen. Jemand ...« Derrick unterbrach sich und wurde noch bleicher. »Jemand muß meine Hauszentrale zu dem Anruf benutzt haben, muß sich also, als er Larkin den Befehl gab, hier im Hause befunden haben.«

»Ja, so wird es wohl gewesen sein«, stimmte Bourke zu. »Lassen Sie mich doch einen Augenblick mit Mr. Staines allein, Mr. Derrick! Ich habe einiges mit dem Inspektor zu besprechen.«

Als sie allein waren, zeigte Bourke auf den Blumentisch, neben dem der Tote gelegen hatte, und forderte Dick auf:

»Heben Sie mal vorsichtig das Tuch auf, das ich dort über den Tisch gebreitet habe, Staines — so, und nun bücken Sie sich und blicken von der Seite her auf die Platte. Sehen Sie etwas?«

Deutlich hob sich dort auf dem Lack ein Daumenabdruck ab, dessen genaue Entsprechung Staines in letzter Zeit so oft studiert und sich eingeprägt hatte, daß ihm jede Kapillare und

Verschlingung vertraut war. Überrascht starrte er zu Bourke hinauf.

»Ja – «, antwortete dieser auf die stumme Frage, »der Mörder von Slough!«

12

Vor allem versuchte Staines, die Unternehmungen Lordys zu rekonstruieren. Der Südafrikaner hatte in der Norfolk Street in einem kleinen Hotel ein einfaches Zimmer bewohnt, das Dick nun einer genauen Durchsuchung unterzog. Der Nachtportier erzählte ihm alles, was er über den ermordeten Gast wußte. Es war wenig genug.

»Erwähnte er nie, mit wem er hier in London verkehrte?« fragte ihn Dick.

»Nein. Er sagte nur, er befinde sich hier, um einen Herrn zu besuchen, dem er einmal das Leben gerettet habe. Er werde bald sehr reich sein. Das wird uns alle Tage erzählt, und so dachte ich mir nicht viel dabei. Mr. Brown war ein sehr netter Mensch, und ich habe mir oft von ihm die einsamen Nachtstunden vertreiben lassen. Er verstand gut zu erzählen.«

»Wann verließ er gestern abend das Hotel?«

»Gegen zehn Uhr. Er blieb noch einige Augenblicke bei mir stehen.«

»Bekam er hier Besuch?«

»Nie, Sir. Kurz bevor er gestern abend ging, war er angerufen worden. Der Anruf kam von einer öffentlichen Sprechstelle. Ich weiß das, weil ich ihn selbst annahm.«

»Hörten Sie eine Männer- oder eine Frauenstimme?«

»Es war ein Mann, der anrief. Er verlangte dringend, Mr. Brown zu sprechen. Ich holte ihn. Er blieb aber nicht lange in der Zelle, sondern kam gleich wieder heraus, um mich um Papier und Bleistift zu bitten. Dann ging er wieder in die Kabine zurück, und ich sah ihn, den Hörer am Ohr, Notizen machen.«

»Ist es dieses Papier, das Sie ihm gaben?« fragte Staines, den beim Toten gefundenen Zettel vorweisend.

»Ja, das ist es. Ich gab ihm einen halben Hotelbriefbogen, und dieser Zettel ist ein Teil davon.«

Der Inhalt wies darauf hin, daß Lordy gegen halb zwölf einen Unbekannten getroffen haben mußte, und zwar im Hydepark, in der Nähe der Brücke. Der Mann wollte in einem Auto vorfahren und als Erkennungszeichen ein grünes Licht aufleuchten lassen. – Mr. Pinkey? Der Name war zweifellos falsch. Vermutlich führte sich der Unbekannte unter diesem Namen bei Lordy ein.

Das Zimmer des Ermordeten enthielt wenig von Interesse. Auch Geld fand Dick keines. Wo war das Banknotenbündel geblieben, das Brown noch gestern in seinem Besitz gehabt hatte? Hatte er es zur Bank gebracht? Im Hotelschrank war nichts, was dem Toten gehörte. Das einzige, was der Inspektor fand, war ein kleines Notizbuch. Darin fanden sich ein paar Briefe aus Südafrika, Notizen, Aufstellungen und Ziffern, die sich wohl auf Erträgnisse aus Unternehmungen des Toten bezogen, und endlich das Bruchstück eines von weiblicher Hand geschriebenen Briefes folgenden Inhalts:

›Du schreibst immer, Du habest den Geburtstag Deiner Kinder vergessen. Ich finde das traurig genug. Was Dich nicht betrifft, darum kümmerst Du Dich nicht. Wäre ich doch in meiner Stellung geblieben! Es würde mir besser gehen. Notiere Dir doch die Geburtstage. Die Kinder fragen ständig nach Dir, und ich bin es müde, sie immer anzulügen, daß Du verreist seiest. Mabel hat am 14. April, Jinny am 7. Juli und Freddie am 13. Dezember Geburtstag. Nun wirst Du die Daten hoffentlich nicht wieder vergessen. Ich wollte Dir noch mitteilen, daß die de Villiers . . .‹

Hier brach der Brief ab. Lordy hatte wohl den Rest vernichtet und sich nur das Blatt mit den Geburtstagen seiner Kinder aufgehoben, um sie nicht wieder zu vergessen. Doch der Name?

Brown hatte an jenem Abend in Miss Dane eine Mary de Villiers zu erkennen geglaubt! Vergeblich suchte Staines nach weiteren Briefen, die ihm vielleicht Hinweise hätten liefern können, welche Rolle jene de Villiers im Leben Lordys gespielt hatte. Nur einen alten, kaum noch verwendbaren Revolver und einige Rechnungen fand er.

Als einzig wichtiges Stück konnte Dick nur den Briefrest jener Frau mitnehmen. Das Blatt trug eingedrückt das Monogramm C.T.

Er berichtete Bourke über das Resultat seiner Mission. Wie Lordy in Derricks Haus gelangt war und dort den Tod gefunden hatte, diese Frage seines Chefs vermochte er auch nicht zu beantworten. Wer war Mr. Pinkey? Spielte er bei der Ermordung Browns eine Rolle? Was hatte Lordy von jener Zusammenkunft im Hydepark an der Brücke erwartet?

»Die Möglichkeit besteht, daß Mr. Pinkey Lordy engagiert hat, in Derricks Haus einzudringen und dort etwas zu suchen, vielleicht das verschwundene Vermögen des alten Derrick. Ja, ich weiß, was Sie einwenden wollen, Staines! Sie meinen, man wisse ja noch gar nicht, ob das Geld dort wirklich verborgen liegt. Stimmt! Fragt sich nur, ob die Einbrecher nicht überhaupt über das Versteck mehr wissen als wir. Und wenn Lordy wußte, was man suchte, vielleicht versuchte er dann nochmals sein Gewerbe als Erpresser auszuüben. Eines aber steht nun fest – man kann ins Haus gelangen, ohne die Haustür zu benützen.«

13

Gegen Abend kam Tommy. Der Lord war in größter Eile von Bognor nach London gefahren und hatte Staines sofort nach seinem Eintreffen aufgesucht.

»Rate, mein Seelenfreund, wen ich heute getroffen habe?« fragte er, noch atemlos vom raschen Lauf über die Treppen. »Sie! Den Engel! Ich traf sie, als sie ihrem alten Mummelgreis in den Wagen half, um mit ihm nach London zu fahren. Den Kinderwagen hatten sie aufs Verdeck geschnallt. Unvergleichlich schön und einzigartig – keine Frage ...«

»Wer? Der Kinderwagen?«

Tommy warf Dick einen vernichtenden Blick zu.

»Sie ließ halten und begrüßte mich herzlich. Ein Engel ist sie, nicht zu sagen! Nicht ein Wort hat sie von dir gesprochen, du alter Windhund! Wahrscheinlich hat sie deine Existenz längst wieder vergessen. Na, mach dir nichts draus – die Mädchen sind eben alle so. Der alte Cornfort spielte die alte Walze vom Wetter, und ich zeigte mich als Autorität auf dem Gebiet der Verdauungsstörungen. Großpapa hat mich für den Abend zum Essen eingeladen. Freue dich mit mir, geliebter Freund!«

»Du hast also wirklich die fluchwürdige Absicht, das junge Mädchen mit deinen Anträgen zu verfolgen?« fragte Dick in strengem Ton. »Mensch, hast du denn kein Erbarmen mit ihr? Sie stirbt doch vor Langeweile, wenn sie dich länger als zehn Minuten genießen muß.«

Aber Tommy ließ sich nicht aus der Ruhe bringen.

»Zerbrich dir darüber nicht den Kopf, du Ungeheuer! Ich gehe ja hauptsächlich deshalb hin, um auf deine Gesellschaft verzichten zu können.«

»Du hattest aber doch versprochen, mir zu helfen!« erinnerte ihn Dick.

Lord Weald rutschte unruhig auf seinem Stuhl hin und her.

»Geht es wirklich nicht ohne mich? Was ist denn wieder los?«

»Ach, nichts Besonderes, nur ein – kleiner Mord. Interessiert dich das?«

»W–a–s?!« Tommy war bleich geworden. »Ein Mord? Wer denn?«

»Meinst du, wer das Opfer oder wer der Mörder ist?«

»Wo ist es denn passiert? Bei Derrick? – Heiliger Bimbam! In seinem Salon! Verdammt noch mal, warum bin ich nicht, wie ich die Absicht hatte, schon gestern gekommen?«

»Zum nächsten Mord sende ich dir eine Einladungskarte, Tommy! Weißt du übrigens, daß ich auf dich eifersüchtig bin?«

Der Lord lächelte.

»Ja, aber – in der Liebe und im Krieg ist alles erlaubt!«

»Ein Wort noch, und du bist der Leidtragende im nächsten Mordfall!«

»Also, hör zu, du wirst ja doch alles erfahren... An dem Abend, als du nach London zurückkehrtest, bin ich nochmals nach Bognor gefahren. Nein, nicht um dir dort ins Gehege zu kommen, sondern wahrhaftig nur, um ein wenig Luft zu schnappen. Wie gewöhnlich begünstigte mich das Glück – ich traf sie. Sie saß am Fenster und kam, als sie mich sah, herunter. Ich bilde mir ja nichts auf mein Glück bei Frauen ein, aber diesmal freute ich mich doch, als ich sah, wie sehnsüchtig sie mich erwartet zu haben schien.«

»Deine Frechheit kenne ich – wahrscheinlich hast du sie gebeten, zu dir herunterzukommen, nicht wahr?«

»Ja, sie erklärte sich meine einladenden Handbewegungen ganz richtig«, gestand der verliebte Lord seelenruhig. »Ich zeigte auf das Musikhäuschen und winkte. Sie verstand mich sofort.«

»Hast du denn nicht soviel Anstand, um ihr das Gelächter von ganz Bognor zu ersparen?«

Tommy schien heute wirklich nicht gewillt, etwas übelzunehmen.

»Leider konnte sie meiner Einladung in den Musikpavillon nicht Folge leisten – ich blieb noch eine Zeitlang dort, um ihr das beruhigende Gefühl zu lassen, daß sich in ihrer Nähe ein Ritter befand.«

»Wie spät war es, also du deine Troubadourtätigkeit aufgabst und wieder wegfuhrst?« erkundigte sich Dick und wartete mit einiger Spannung auf die Antwort.

»Es muß gegen zwölf gewesen sein. Ich hoffte immer noch, sie werde kommen, da ich sie die Jalousien herunterlassen sah. Sie muß mich weggehen gesehen haben, denn sie winkte mir zum Abschied unter den Jalousien hervor zu. Ich sah ihre süße kleine Hand. Nun?«

»Gott sei Dank!«

»Also, du freust dich, Dick?« Tommy faßte dankbar nach der Hand des Freundes. »Du bist nicht böse, daß ich dir ihre Liebe abspenstig machte? Du weißt, ich würde mich ärgern, wenn du sie wirklich geliebt hättest, aber in der Liebe und ...«

»Quatsch nicht von Liebe, oder ich lang' dir eine!« unterbrach ihn Dick. »Komm, trinken wir lieber einen!« Um zwölf Uhr hatte sie Tommy zugewinkt? überlegte er. Nein, dann konnte sie vor zwei nicht in London gewesen sein. Der Arzt hatte als Zeitpunkt der Tat ein Uhr angenommen. »Hm! Hm!« brummte er erleichtert.

»Hm, hm!« äffte ihn der Lord nach. »Du hast natürlich recht, sie ist wirklich eine Schönheit. Komm! Prost!«

Dick führte den Freund ins Nachbarhaus. Walter Derrick war wieder nach Keyley zurückgekehrt.

»Er wird sich ärgern, dich nicht getroffen zu haben«, sagte Dick. »Nicht alle Tage bekommt er einen so geistreichen Gast wie dich zu Gesicht, Tommy!«

Der Lord überging die ironische Bemerkung mit Stillschweigen und zeigte auf einige Männer, die sich im Mordzimmer zu schaffen machten.

»Was machen die Leute mit dem Fotoapparat hier?«

»Fotografieren! Dort hat sich das Gespenst des alten Derrick herumgetrieben!«

»Ein Gespenst?«

Erschrocken blickte sich Tommy um.

»Fall nur nicht in Ohnmacht, Mensch! Es ist doch nicht dein Haus, in dem es umgeht.«

»Aber im Nebenhaus!« protestierte der Lord. »Gespenster lassen sich selbst durch noch so starke Mauern nicht von ihren Spaziergängen abhalten. Ich glaube, es ist besser, wir gehen wieder. Hier ist's mir unheimlich. Draußen scheint noch die Sonne, dort ist's viel schöner. Ich muß sowieso in einer halben Stunde nach Clacton zurück.«

»Du willst mich schon wieder verlassen?«

»Ich muß. Die Pflicht ruft – meine Tante erwartet mich.«

»Du lügst! Ich weiß bestimmt, daß du in Clacton keine Tanten hast. Noch letzte Woche danktest du in meiner Gegenwart Gott, daß der Osten für dich ›tantenfrei‹ sei.«

»Doch, sie ist diese Woche erst hingezogen. Arabella heißt sie.

Gott, wie nervös sie ist! Aber Geld hat sie – einen ganzen Haufen. Sie schielt zwar und ist auch ein wenig schwerhörig, aber eine Erbtante bleibt sie dabei doch!«

Er eilte, so schnell ihn seine Füße trugen, die Treppe hinab, und als Dick, der ihm langsam gefolgt war, auf die Straße hinaustrat, war er bereits im Begriff, in ein Taxi zu steigen, um zum Bahnhof zu fahren.

»Warum nimmst du nicht deinen Wagen? Warum auf einmal Bahnreisender?« fragte ihn Dick.

Tommy wurde verlegen.

»Ich wollte meinen Wagen nachkommen lassen. Ich fahre ganz gern mal mit der Bahn. Man lernt da so nette Leute kennen, denen man im Rolls-Royce niemals begegnen würde.«

Dick war fast überzeugt, daß Tommy auf irgendeine Weise erfahren haben mußte, daß Miss Dane mit der Bahn nach Clacton zurückfahren werde. Kaum war der Lord weggefahren, traf Bourke ein.

»Ich habe Ihnen nun definitiv auch die Aufklärung des letzten Mordfalles übertragen, Staines!« begrüßte der Chef seinen Inspektor. »Vielleicht läßt Lord Weald Sie weiter in seinem Haus wohnen. Uns interessieren vor allem diese Gespenstergeschichten Larkins. Wann kommt er eigentlich von Liverpool zurück?«

»Heute um sieben Uhr, Sir. Ich habe ihm bestellen lassen, er möchte mich sofort nach seiner Ankunft aufsuchen. Sobald ich mit ihm fertig bin, schicke ich ihn zu Ihnen.«

»Warum wohl die Kerle Ihren Klingelzug entzweigeschnitten haben?« wunderte sich Bourke und gab sich gleich selbst die Antwort: »Sie mußten natürlich damit rechnen, daß Larkin Sie vor seiner Abreise nach Liverpool verständigen würde, und daß Sie sich daraufhin sofort bei Derrick erkundigt hätten.«

»Er wird wohl auch tatsächlich versucht haben, mich aufzuwecken.«

»Wahrscheinlich kam der Anruf von der Hauszentrale«, meinte Bourke. »Doch wie mag Lordy Brown ins Haus gelangt sein? Er hat nichts bei sich gehabt, womit er eine Tür hätte aufbrechen können. Wäre ich ein Romandetektiv, würde ich die Lösung in einem unterirdischen Gang vermuten.«

»Sicher ist ein solcher vorhanden!« rief Dick aus. »Ich behaupte es sogar, Chef. Der alte Derrick hat das Haus nach eigenen Plänen umbauen lassen und die Abschlußarbeiten selbst überwacht. Die Wände sind stark genug, um zwanzig Gänge zu verbergen. Er hatte panische Angst vor einer Feuersbrunst.«

»Warum aber unterirdische Gänge, Staines?« zweifelte Bourke. »Er war zwar ein Ekel, aber ich glaube nicht, daß er je etwas tat, was gegen die Gesetze verstieß. Hehlerei? Nein, davon ist mir nicht das geringste bekannt. Warum also, wenn er von der Polizei nichts zu fürchten hatte, diese mittelalterlichen Methoden?«

»Er hatte, wie gesagt, Angst vor Bränden, und außerdem – die meisten Reichen fürchten sich vor Einbrechern.«

Ein Handwerker hatte im Auftrag Staines' in kürzester Zeit einen Übergang von Wealds Balkon zu Derricks Balkon fertiggestellt. Eine schmale, festgezimmerte Brücke ermöglichte es von nun an jederzeit, auf dem kürzesten Weg ins Nebenhaus zu gelangen. Bourke, dem Dick die Neuerung vorführte, zeigte sich befriedigt darüber. Doch nicht allein über die neue Vorrichtung sprach er sich lobend aus.

»Der Portwein ist übrigens ausgezeichnet, Staines! Ich mache Ihrem Freund Tommy mein Kompliment.«

»Leider weiß er seine eigenen herrlichen Weinsorten gar nicht zu schätzen«, entgegnete Dick, während er sich im stillen den Kopf darüber zerbrach, wo Mary Dane wohl augenblicklich weilen mochte. »Wenn heute nacht Besucher kommen, werden sie eine Überraschung erleben. Ich beabsichtige, die Nacht auf dem Posten zu verbringen.«

Minns kam und meldete, daß Larkin angekommen sei.

»Ich glaube, Mr. Derrick hat ihn entlassen«, flüsterte er.

»Ich finde das ungerecht von Mr. Derrick«, sagte Staines. »Aber schicken Sie Larkin herauf, Minns!«

Der Wächter erschien. Er war, entgegen Minns' Annahme, nicht entlassen worden.

»Ich soll allerdings nicht mehr dort schlafen, Sir«, berichtete er. »Ich habe abends zu gehen und früh wiederzukommen. Mr. Derrick will verreisen. Er machte mir Vorwürfe, weil ich Ihnen vom Gespenst seines Vaters erzählt habe. Ich hätte mir alles nur eingebildet, meinte er, aber ich weiß, daß dem nicht so ist.«

Als Bourke und Larkin gegangen waren, brachte Staines die durchschnittene Klingelleitung wieder in Ordnung, das heißt, er versah sie mit einem selbsterfundenen Mechanismus, der ihn, da Larkin nachts ja nicht mehr auf dem Posten war, alarmieren sollte, sobald sich jemand an der Leitung zu schaffen machte.

Mit den getroffenen Maßnahmen zufrieden, löschte er das Licht und setzte sich, in einen dicken Mantel gehüllt, an die offene Fenstertür, den Blick zum Balkon des Nebenhauses gerichtet. Von seinem Platz aus konnte er auch den tief unten liegenden Lowndes Square beobachten und jedes sich nähernde Fahrzeug bemerken. Wenn er sich über den Balkon beugte, konnte er sogar Derricks Haustür sehen.

14

Um halb elf Uhr brachte ihm Minns starken Kaffee und belegte Brote. Für eine Weile, jedenfalls so lange, um die Erfrischung zu genießen, glaubte Staines seinen Platz verlassen zu dürfen. Er zog die Vorhänge vor die Fenstertür und knipste das Licht an.

»Wir alle sind sehr beruhigt, Sir, Sie im Haus zu wissen«, sagte der Kammerdiener. »Ein Glück auch, daß das Haus keinen Keller hat, sonst wären uns die Stubenmädchen sicher schon davongelaufen.«

»Wie – dieses Haus hat keinen Keller?« fragte Dick verwundert.

»Nein. Das Erdgeschoß ist das unterste. Ein Kellergeschoß haben wir nicht.«

»Sie haben gar keine Keller hier?« wiederholte Dick ungläubig.

»Nein. Den Wein bewahren wir neben der Küche auf. Ich

habe mich selbst schon oft gewundert, warum der alte Mr. Derrick, dem ja früher auch dieses Haus gehörte, es so völlig ohne Keller bauen ließ.«

»Derrick? Das ist mir neu —«, gestand Dick.

»Ja, es gehörte ihm. Er verkaufte es dann später an den Vater des gegenwärtigen Lords. Beide Häuser wurden zusammen umgebaut...«

In diesem Augenblick schlug die Alarmklingel an. Ohne sich auch nur einen Augenblick aufzuhalten, warf Staines Tasse und Teller hin. Nach wenigen kurzen Sprüngen über den Laufsteg stand er auf dem Balkon des Nebenhauses. Hinter dem Fenster von Derricks Büro, dem früheren Schlafzimmer Larkins, hob sich eine schattenhafte Gestalt ab, doch noch bevor Dick sie fassen konnte, hatte sie sich abgewandt. Das Zuschlagen der auf den Gang führenden Tür verriet, daß der Eindringling entkommen war. Mit voller Wucht warf sich Dick gegen die Tür, aber sie hielt seinem Ansturm stand. Es blieb ihm nichts anderes übrig, als über die Brücke zurück in sein eigenes Zimmer und von dort die Treppe hinab zur Haustür und auf die Straße zu laufen. Er besaß den Schlüssel zum Nebenhaus, aber das half nichts; denn die Tür war von innen verriegelt.

In der Ferne sah Staines einen Polizisten auftauchen und pfiff, um dessen Aufmerksamkeit zu erregen. Ohne sich allzu sehr zu beeilen, schlenderte der Mann heran. Er schien es nicht gewohnt zu sein, von Zivilisten herbeigepfiffen zu werden.

»Stellen Sie sich hier auf!« befahl ihm Staines, nachdem er sich zu erkennen gegeben hatte. »Wenn jemand zu entkommen versuchen sollte, machen Sie von Ihrem Knüppel Gebrauch.«

»Ist jemand im Haus?« wollte der andere wissen.

»Das werden wir gleich sehen.«

Staines rannte die Treppen zum Lieferanteneingang hinab, fand jedoch auch diesen verschlossen. Nun versuchte er es mit den Fenstern, mußte aber erst eine Scheibe einschlagen, ehe es ihm gelang, einzusteigen. Er befand sich im Speisezimmer der Dienerschaft und tastete an der Wand entlang, bis er den Lichtschalter erreichte. Der Strom versagte, und er tastete sich weiter in die Diele hinaus. Dort schloß er die Haustür auf, rief den

Polizisten herein und ließ ihn in der Diele Aufstellung nehmen.

Auf Gummisohlen schlich sich Staines zur Treppe. Die festen Eichentritte knarrten nicht im geringsten unter seinem Gewicht. So gelangte er ins erste Stockwerk hinauf. Nichts rührte sich. Leise drückte er die Klinke des Salons nieder und schlüpfte hinein. Der Raum war leer. Das von der Straße her einfallende Licht genügte, um dies festzustellen.

Er begann den Aufstieg in die oberen Stockwerke. Vor der Tür zu Derricks Büro angelangt, drückte er auf die Klinke. Die Tür war verschlossen – doch zweifellos war jemand im Zimmer, denn er hörte ein Flüstern. Als er nun mit dem Knüppel heftig gegen die Türfüllung schlug, vernahm er einen einzigen, kurzen Ausruf:

»Oh!«

Es mußte eine Frau gewesen sein, denn Staines hatte in seiner langen Erfahrung noch nie erlebt, daß ein männlicher Einbrecher, der bei seiner Arbeit überrascht wurde, ›oh!‹ gerufen hätte.

Mit einem Anlauf warf er sich gegen die Tür. Sie gab mit einem Krach nach. Nun stand er im Zimmer – anscheinend war es leer. Wieder versuchte er Licht zu machen, auch diesmal vergeblich. Trotz der Dunkelheit wurde er das Gefühl nicht los, beobachtet zu werden. Diese Empfindung wurde immer stärker, und schließlich tat er etwas, was er in den vielen Jahren seines Dienstes bei der Polizei sehr selten getan hatte – er zog den Revolver aus seiner Tasche und machte ihn schußbereit.

Von unten hörte er die Stimme des Polizisten:

»Soll ich Ihnen helfen, Sir?«

Der Inspektor zögerte einen Augenblick, dann trat er ans Geländer und rief hinunter:

»Ja, kommen Sie herauf – aber machen Sie Ihren Knüppel zurecht, es ist jemand im Haus!«

Ein leises Kichern drang aus der Dunkelheit des Zimmers. Blitzschnell drehte er sich in die Richtung, aus der das verhaltene Lachen gekommen war. Nichts bewegte sich.

Inzwischen war der Polizist auf dem Treppenabsatz angekommen, und gemeinsam durchsuchten sie, mit Hilfe einer Taschenlampe, das Zimmer. Nichts deutete auf ein Versteck hin.

In einem kleinen, flachen Verschlag hätte sich höchstens ein Kind verbergen können. Dick öffnete die Tür eines Schrankes, der, wie nicht anders erwartet, leer war, aber das langsame, zögernde Schwingen der Tür erregte seine Neugier. Er klopfte den Schrank ab – es klang hohl. Die Rückwand war mit vier eingeschraubten Kleiderhaken versehen. Sonst machte sie einen soliden Eindruck.

»Wonach riecht es denn hier?« fragte der Polizist und zog prüfend die Luft ein.

Ja, ein intensiver Geruch lag in der Luft. Nicht der Geruch verbrannten Pulvers, nein, der zarte, eindringliche Geruch eines Parfüms.

»Parfüm, Sir!« sagte der Polizist. »Kennen Sie den Duft?«

»Ich habe in diesen Dingen wenig Erfahrung«, erklärte Staines. »Für mich stinkt ein Parfüm wie das andere.«

»Ich glaube, man nennt das Zeug ›Sans Atout‹«, belehrte ihn der Mann, stolz auf seine Kenntnisse.

»Woher wollen Sie das so genau wissen?«

Der Polizist hatte eine Freundin, die Verkäuferin in einem Parfümeriegeschäft war. Sie hatte einmal ein Fläschchen ›Sans Atout‹ mitgebracht. Daher die Wissenschaft.

»Meine Braut erzählte mir, daß dreißig Gramm von der Flüssigkeit vier Pfund Sterling kosten, Inspektor. Es riecht furchtbar stark und ist eine Mischung von Zedernholz und Rosenessenzen.«

»Sie haben eine so verflucht gute Nase«, meinte Dick, »daß Sie vermutlich auch den Mörder riechen können, falls er hier ist, wie?«

Er hatte die Bemerkung kaum fallenlassen, als ein leises, aber herzliches Lachen erklang.

»Haben Sie eben gelacht?« fragte er den Polizisten.

»Ich? Nein, Sir. Sie müßten mir allerhand bieten, Sir, bevor ich ein solches Lachen herausbrächte. Ich glaube, es kam vom Korridor.«

Staines war zwar anderer Meinung, trotzdem rannte er hinaus, um nachzusehen. Draußen war alles still. Er kehrte ins Zimmer zurück – und hatte auf einmal das bestimmte Gefühl, sich jetzt mit dem Beamten allein im Zimmer zu befinden. Der versteckte Beobachter, dessen Gegenwart er mit allen Nerven gefühlt hatte, mußte weg sein.

»Was soll ich nun machen?« fragte der Polizist. »Ich werde das, was hier passiert ist, natürlich melden.«

»Natürlich. Schreiben Sie, ich hätte Sie herbeigerufen und ...«

In diesem Augenblick wurde es hell im Zimmer. Die Stromzufuhr hatte wieder eingesetzt. Prüfend sah sich Staines im hellerleuchteten Zimmer um, ohne etwas Nennenswertes zu bemerken. Nur der Parfümgeruch schwebte noch in der Luft.

»Wie nannten Sie doch das Stinkzeug?«

»Sans Atout!«

Am stärksten war der Geruch in der Nähe des Schrankes, den Staines vorhin untersucht und abgeklopft hatte.

Es ging gegen ein Uhr, als er sich endlich zur Ruhe begab. Erst als Minns an die Tür klopfte, wachte er wieder auf. Es war heller Tag.

Minns brachte das Frühstückstablett mit dem Tee. Er zeigte auf ein mit einem Glaspfropfen versehenes Fläschchen, das ebenfalls auf dem Tablett stand.

»Brauchen Sie diese Flasche, Sir?«

»Was für eine Flasche?« fragte Dick verwundert. Nun erst sah er näher hin. Es war eines der üblichen Parfümfläschchen. Die Etikette trug die Aufschrift ›Sans Atout‹. Die Flasche war nur halb gefüllt. »Wer hat die Flasche aufs Tablett gestellt?« fragte er aufgeregt.

Minns wußte es nicht, und der Inspektor ließ seinem Frühstück alle Ehre angedeihen, als unvermutet der Hausherr ins Zimmer trat.

»Nanu?« begrüßte ihn Dick. »Was machst denn du hier? Ich dachte, du seist in Clacton?«

»Schluß damit, alter Freund!« Tommy machte eine Leichenbittermiene. »Ich habe mich skandalös aufgeführt, ganz unter aller Kritik. Und nun – bin ich abgemeldet.«

»Das ist allerdings eine recht erfreuliche Nachricht für mich, Tommy!« gab Dick ungeniert zu. »Setz dich und mach es dir bequem – oder willst du eigentlich mit alldem zum Ausdruck bringen, daß ich mich von nun an mit deiner ständigen Gegenwart abzufinden habe?«

»Nein, beruhige dich – aber zwischen Mary und mir ist's aus – ganz aus. Es ist furchtbar ...«

»Für dich vermutlich ja – für sie aber wird es zweifellos eine Befreiung bedeuten. Was ist überhaupt passiert?«

»Also, ich spazierte mit ihr gestern abend über die Promenade. Wir hörten der Musik zu. Ich kann dir sagen, ich war froh wie ein Habicht im Hühnerhof. Der alte Cornfort ist so ziemlich fertig. Er ging schon gegen neun Uhr ins Bett, und so lud ich sie ein, mit mir spazierenzugehen. Während wir auf einer Bank saßen, steckte ich ihr, ohne daß sie es merkte, ein kleines Geschenk in ihr Handtäschchen. Ich hatte es für einen Haufen Geld in London gekauft. Ja, wenn ich nicht den Stöpsel vorher herausgezogen hätte, wäre alles gut gegangen. Wie konnte ich aber auch ahnen, daß das verfluchte Zeug auslaufen würde?«

Dick war aufgesprungen.

»Was wolltest du ihr schenken?« fragte er erregt.

»Eine Flasche Parfüm, der letzte Modeschrei – ›Sans Atout‹! Ich dachte erst, es handle sich um ein Kartenspiel, aber man lernt ja nie aus. Was glaubt du, wie wütend sie war, als sie das ›Geschenk‹ entdeckte? Sie war nicht mehr so sanft, wie sie sonst ist, im Gegenteil, sie legte los wie eine Furie! Schrie mich an, sie hasse mich und das ganze Parfümzeugs, aber – behalten hat sie die Flasche doch.«

Dick war aschgrau geworden.

»Bist du krank?« erkundigte sich Tommy besorgt.

»Nein. Erzähl nur weiter. Sie hat dich wohl stehenlassen?«

»O nein! Ich ließ sie stehen! Es war, was man einen Streit zwischen Liebespaaren nennt.«

»Was man was nennt?«

»Nun, ich meine so eine kleine Auseinandersetzung. Ich war richtig wütend, stand auf und lief davon. Als ich zurückkam, ging sie gerade ins Haus.«

»Wie spät war das?«

»Gegen zehn, vielleicht etwas früher. Ich weiß nie so genau, wie spät es ist.«

»Hast du sie nochmals gesehen?«

»Natürlich. Oder traust du mir etwa zu, daß ich weggegangen bin, ohne mich für meine Ungezogenheit entschuldigt zu haben? Ich rief sie vom Hotel aus an.«

»Das bedeutet aber doch noch nicht, daß du sie gesehen hast?« wandte Dick ein.

»Meiner Ansicht nach ist es ganz gleich, ob ich sie sehe oder höre. Ich bat sie, nochmals auf die Promenade zu kommen und mir Gelegenheit zu geben, mich bei ihr zu entschuldigen.«

»Und?« forschte Dick mit fieberhafter Spannung.

»Sie kam, und wir bummelten noch eine ganze Weile auf der Promenade. Sie erzählte mir, sie mache sich Sorgen über etwas. Es gebe in England eine Doppelgängerin von ihr – sie habe sie an diesem Tag in Clacton von weitem gesehen.«

»Kannst du beschwören, Tommy, daß du mit Mary Dane zusammen warst?«

Tommy starrte ihn besorgt an.

»Fehlt dir etwas, mein Junge?«

»Nein!« wehrte Dick ungeduldig ab. »Ich will nur wissen, ob du ganz sicher bist, daß du mit Mary Dane zusammen warst. Es könnte ja auch . . .«

»Natürlich war ich mit ihr zusammen, bis gegen zwölf.«

»Und jetzt – was willst du eigentlich in London?« fragte Dick unvermittelt.

»Hör zu, ich will dir helfen, das Geheimnis der Doppelgängerin zu lösen –«, machte sich der Lord wichtig. »Weißt du denn schon, daß es so etwas . . .«

»Halt den Mund, Tommy! Wenn du auch noch mit der Doppelgängerin anfängst, mach ich dich kalt!«

»Miss Dane sagte mir«, setzte Tommy seinen Bericht unbeirrt fort, »daß sogar der Mann, der nebenan ermordet worden ist, sie für ihre Doppelgängerin gehalten habe. Und da ich trotz deiner vielen Fehler immer noch einiges Vertrauen in deine Tüchtigkeit setze, wollte ich dich auf diese Chance, Lorbeeren zu ernten, aufmerksam machen. Deshalb bin ich hier.«

»Willst du im Ernst behaupten, daß du den Weg von Clacton

nach London nur deshalb zurückgelegt hast, um mir von dieser Doppelgängerin zu erzählen? Weißt du denn nicht, daß wir uns im Yard über diese Sache schon lange den Kopf zerbrechen?«

15

Inspektor Staines war fest entschlossen, nicht länger mit sich spielen zu lassen. Vor allem besorgte er sich einen Bauplan der Gegend. Zwischen den beiden Gebäuden hatte es früher einen kleinen gedeckten Durchgang gegeben. Später hatte man dort die Garage für Lord Wealds Haus eingebaut. Weiter zurück lagen eine Stallung, eine einzelne, freistehende Garage und eine Reihe von Privatgärten, hinter denen sich eine Mauer hinzog, die in regelmäßigen Abständen von Gartentüren unterbrochen wurde. Das ganze Gelände der Hinterhöfe und Gärten stieß an die Rückseiten der Häuser an der Coyling Street.

Einen Nachmittag lang verbrachte Staines mit der Besichtigung dieser Straße, deren Häuser alle bewohnt waren, mit Ausnahme von Nr. 7. Dieses Haus sah vernachlässigt aus. Die von den letzten Bewohnern zurückgelassenen Vorhänge waren vergilbt und zerschlissen.

Der Inspektor erkundigte sich nach dem Besitzer des leerstehenden Hauses und erfuhr, daß es weder zu vermieten noch zu verkaufen sei. Er verfolgte die Spur weiter und machte endlich ausfindig, daß es Mr. Walter Derrick gehörte. Das Stadtbauamt hatte angeordnet, daß das Haus nicht mehr vermietet werden dürfte, bis einige Umbauten vorgenommen würden. Möglich, daß Derrick darüber so erbost gewesen war, daß er das Gebäude überhaupt zerfallen ließ. Es war zwar auf dem Grundstücksmarkt zum Verkauf angeboten worden, doch war die Vernachlässigung so groß, daß niemand sich ernstlich dafür interessierte.

Die letzte Mieterin war eine Miss Belfer gewesen, die dort auch gestorben war, und zwar noch zu Lebzeiten des alten Mr. Derrick. Seit ihrem Tod stand das Haus leer. An dieses Haus hatte Walter Derrick wohl gedacht, als er Staines damals mitteilte, daß sein Vater ihm sonst nur wertlose Grundstücke hinterlassen habe. In den fünfziger Jahren des neunzehnten Jahrhunderts hatte es einem religiösen Orden gehört, und nach dessen Auflösung ging der Besitz in die Hände des alten Derrick über. Das Haus hieß noch heute ›St. Anna‹, es hatte eine eigene Kapelle gehabt, die aber inzwischen als Garage umgebaut worden war. Die gotischen Spitzbogen waren noch jetzt zu sehen.

Es war die dritte ruhig verlaufene Nacht, und Staines wunderte sich auf dem Nachhauseweg, von Tommy nichts mehr gehört zu haben. Walter Derrick dagegen hatte ihm schon vor zwei Tagen mitgeteilt, daß er nach Schottland fahren wolle, und sich erkundigt, ob er bei der Leichenschau des ermordeten Lordy Brown dabeisein müsse. Staines hatte daraufhin bei den zuständigen Stellen angefragt und den Bescheid erhalten, daß man auf die Aussagen Derricks verzichten könne.

An diesem Vormittag nun hatte die Leichenschau von Lordy Brown stattgefunden. Die Geschworenen waren zu der Meinung gelangt, daß Brown mit einem Komplicen in Derricks Haus eingebrochen und dort mit ihm in Streit geraten sei, in dessen Verlauf ihn der andere erschossen habe. Offenbar war eine mit Schalldämpfern versehene Schußwaffe verwendet worden, denn weder Staines noch Tommys Diener hatten auch nur das geringste Geräusch gehört.

Es dunkelte schon, als der Inspektor endlich Wealds Haus betrat. Minns erwartete ihn an der Haustür.

»Eine Dame wünscht Sie zu sprechen, Mr. Staines. Ich habe sie in den Salon geführt.«

»Wie sieht sie denn aus?«

»Sie nannte ihren Namen, Sir – Miss Dane!«

Der Inspektor schob den Diener zur Seite und stürmte in den Salon, wo ihn Mary Dane lächelnd erwartete.

»Habe ich Ihnen wirklich so viel Kopfzerbrechen gemacht?« fragte sie anzüglich.

Er errötete.

»Kopfzerbrechen? Ach so – Tommy? Er hat wohl wieder geschwätzt?«

»Ja, das hat er. Sie wissen doch, daß er die meiste Zeit damit vergeudet. Können Sie ihn nicht in London festhalten?«

»Wo treibt er sich denn gegenwärtig herum?«

»Gestern war er in Margate. Er hatte nämlich gehört, daß Mr. Cornfort hinfahren wollte. Nun, ich werde die Krankenpflege bald an den Nagel hängen!«

»Endlich!« rief er aus.

Er wußte nicht, warum er sich über diese Mitteilung freute – aber es war tatsächlich der Fall.

»Warum?« fragte sie erstaunt.

»Ich glaube nicht ... Nun, ich halte es nicht ... Ich denke, die Arbeit ist zu schwer für Sie –«, stotterte er verlegen.

»Sie bekommt mir aber. Sie haben ja auch einen anstrengenden Beruf, Mr. Staines, nicht wahr?«

»Er bekommt mir aber!« imitierte er sie lachend. »Leider büße ich dabei langsam meinen guten Ruf ein.«

Sie blickte ihn überrascht an und machte dann eine Kopfbewegung in Richtung zum Nebenhaus hinüber.

»Meinen Sie ...?«

»Ja, Browns und all des anderen wegen«, gab Staines zu. »Haben Sie die Berichte gelesen?«

»Gelesen und auch davon gehört. Tommy sorgt dafür, daß ich auf dem laufenden bleibe.«

»Ich möchte nur wissen, warum er sich dauernd bei Ihnen herumtreibt?«

Im nächsten Augenblick hätte er sich für diese idiotische Frage ohrfeigen mögen.

Sie lachte, und auch er stimmte sorglos mit ein. Seit Mary Dane hier im Zimmer weilte, fühlte er sich merkwürdig wohl.

»Sie haben ihn wohl becirct?« fragte er scherzend.

»Ja – wenn Sie meinen, ob ich ihn zu seinem Flirt ermutigt habe, so muß ich das zugeben. Es war zwar nicht sehr nett von mir, und ich möchte mir selbst die größten Vorwürfe machen, aber – die Tatsache bleibt nichtsdestoweniger bestehen.«

Er hatte bis jetzt Tommys Schwärmerei nicht besonders tragisch genommen. Aber hatte sein Freund doch ernste Absichten?

»Das klingt ja beinah, als hätte sich zwischen Ihnen und Lord Weald etwas Ernstliches angesponnen«, erwiderte er.

Sie errötete, lachte aber dazu.

»Unsinn!« Dann blickte sie sich im Salon um. »Werden Sie noch lange hier wohnen?«

»Warum fragen Sie?«

»Warum? Weil ich es wissen möchte. Ist Ihnen noch nicht bewußt geworden, daß Sie hier nur wohnen, weil Tommy verreist ist? Also, ich will durch meine Frage auf Umwegen erfahren, wie lange Tommy noch einen Vorwand haben wird, um mich herumzuschwänzeln. Langweilen Sie sich denn hier nicht? Nebenan ein leeres Haus! Das muß doch deprimierend wirken. Und nur ein Junggeselle in der Nachbarschaft . . .«

»Sie meinen Derrick?«

»Man erzählte mir, er sei überdies verreist – nach Schottland gefahren. Ist das nicht die Höhe? Sie hier zurückzulassen, um sein Haus zu bewachen? Noch dazu, wo es von Geistern heimgesucht wird!«

»Wer hat Ihnen denn das erzählt?«

»Die ganze Nachbarschaft regt sich schon darüber auf . . .« Ihre Lippen zuckten vor verhaltenem Lachen. »Nicht einmal zu einer Tasse Tee haben Sie mich eingeladen! Nein, lassen Sie nur, ich gehe gleich wieder. Warum erzählen Sie mir eigentlich nichts über meine Doppelgängerin, Mr. Staines? Oder hat Tommy wieder einmal geschwindelt? Wer ist sie? Wie sieht sie aus?«

Ganz offensichtlich machte sie sich lustig über ihn.

»Hübsch ist sie –«, sagte er kurz, »bildhübsche graue Augen – und ein Mund . . . Am besten kann man ihn beschreiben, indem man . . .« Nun wurde sie doch verlegen und senkte die Augen.

»Sie scheint ja einen mächtigen Eindruck auf Sie gemacht zu haben, Mr. Staines! Doch wollte ich ihr Äußeres gar nicht so genau beschrieben haben, sondern nur wissen, ob sie mir wirklich ähnlich sieht.«

Er nickte lebhaft.

»So?« fragte sie und machte eine kleine Pause. »Ich möchte mal Ihre Gedanken lesen.«

»Und ich die Ihren!«

»Vielleicht verrate ich sie Ihnen eines Tages.« Sie nahm Handtasche und Schirm auf und machte sich zum Gehen bereit. »Werden Sie sich endlich einmal auf Ihre Kavalierspflichten besinnen und mich zum Bahnhof begleiten?«

Er zögerte. Um diese Stunde suchte er meist Derricks Haus auf. Doch – schließlich brauchte er nicht den ganzen Tag ›im Dienst‹ zu sein.

»Ja, ich komme mit Ihnen«, erklärte er entschlossen.

Sie ging ziemlich langsam – Eile schien sie jedenfalls nicht zu haben.

»Sie haben mich nicht einmal gefragt, warum ich meinen Beruf an den Nagel hängen will und was ich dann anzufangen gedenke, um mir meinen Lebensunterhalt zu verdienen. Sie haben recht wenig Interesse für mich und scheinen mehr für meine Doppelgängerin übrig zu haben. Die Glückliche! Träumen Sie oft von ihr?«

»Reden Sie keinen Unsinn, Mary! Ich will Sie sowieso etwas fragen . . .«

Er hörte sie kichern.

Sie betraten den Park, und Dick nahm ihren Arm. Eine Weile ließ sie es geschehen, dann machte sie sich los.

»Nein! Nein!« flüsterte sie. »Bitte, ich möchte mir meine Selbstachtung bewahren.«

Ihre Worte kränkten ihn, was sie sogleich bemerkte.

»Bitte, seien Sie nicht böse«, bat sie. Sie ging schneller. »Ist Ihnen jemals eine Sache zum Ekel geworden? Daß Sie alles, was Sie taten, haßten? Ich meine Beruf, Gesellschaft, alles, was mit dem Leben zusammenhängt? Ich bin heute in dieser Stimmung!«

»Sie mögen Ihren Beruf nicht?«

»Nein!«

Der Zug, den sie benutzen wollte, fuhr erst nach neun Uhr. Da sie sich hungrig fühlte, bat sie Dick, mit ihr in ein Restaurant zu gehen. Sie aß aber nur wenig.

»Wissen Sie, warum ich heute nach London gekommen bin? Nein? – Wenn ich einsteige, sage ich es Ihnen.«

Er fand einen Fensterplatz für sie, und als er wieder draußen stand, beugte sie sich an sein Ohr.

»Um mich selbst zu demütigen, Asche über mein Haupt zu streuen und mich barfuß im Schnee zu kasteien.«

Er starrte sie sprachlos an und lief neben dem sich langsam in Bewegung setzenden Zug her.

»Ich will Ihnen noch eine Mitteilung machen, über die Sie entsetzt sein werden. Niemals aber, hören Sie, dürfen Sie mich nach diesem Abend daran erinnern!«

»Was wollen Sie mir noch sagen?« fragte er und paßte seinen Schritt der schnelleren Fahrt des Zuges an.

Sie beugte sich aus dem Fenster, bis ihre Lippen beinahe seine Wangen berührten.

»Ich liebe dich und weiß nicht, warum!«

Dann trat sie vom Fenster zurück. Dick stand wie versteinert da. Als die Schlußlichter des Zuges lange schon verschwunden waren, stand er noch immer regungslos da und starrte in die Ferne.

16

Auf seinem Rückweg zum Lowndes Square glaubte Dick Staines auf Rosen zu wandeln. Er wurde aber durch den erregten Minns, der ihn an der Haustür erwartete, schneller, als er geglaubt hätte, wieder in die Wirklichkeit zurückgerufen.

»Ich habe Sie überall gesucht, Sir«, rief der Diener atemlos. »Ich wollte schon die Polizei holen. Seit anderthalb Stunden geht die Klingel in Ihrem Zimmer, Sir! Ich dachte erst, Sie seien zu Hause.«

Ohne sich erst lange mit Fragen aufzuhalten, raste Dick wieder auf die Straße zurück und zerrte im Laufen die Schlüssel zu Derricks Haustür aus der Tasche. Er erwartete, die Tür verriegelt zu finden, aber als er den Schlüssel umgedreht hatte, gab sie nach. Auch die Beleuchtung funktionierte. Nirgends war die Spur eines Eindringlings zu bemerken. Erst als er die Schwelle des Salons überschreiten wollte, blieb er wie vom Schlag gerührt stehen.

Die ganze Zimmereinrichtung war verstellt worden. In der Wand befanden sich mehrere Löcher, offensichtlich mit einem elektrischen Bohrer hervorgerufen. Der Bohrer lag mit abgebrochener Spitze auf dem Fußboden, daneben Kalkreste, die aus den in die Wände gebohrten Löchern stammten.

Mit kriminalistischem Interesse prüfte Staines den Bohrer. Er kannte dieses Instrument aus der Praxis, hatte aber nie erlebt, daß es bei Einbrüchen benutzt worden wäre.

Die Einbrecher mußten bei ihrer Arbeit gestört worden sein, nachdem sie auf der Suche nach den vermuteten Verstecken bis tief in die Wand vorgedrungen waren.

Plötzlich drehte sich Dick um. Er hatte ein Geräusch gehört. Hinter ihm stand Derrick und starrte fassungslos auf die Verwüstung.

»Mein Gott!« murmelte er. »Wann ist das passiert?«

Staines blickte, ohne zu antworten, unverwandt auf die gegenüberliegende Wand. Dann ging er hin und zeigte auf eine Stelle neben einem der Bohrlöcher.

»Hier haben Sie den Abdruck wieder!« sagte er.

Ein Irrtum war ausgeschlossen. Aber im gleichen Augenblick wußte Staines auch, wie der Daumenabdruck an die Wand gekommen war. Auf der Stelle des Abdrucks zeichnete sich ein kleiner, noch feuchter Fleck ab.

»Was für einen Abdruck meinen Sie?« fragte Derrick.

»Auf dem Bierglas, das Larkin an jenem Abend benützte, als ich die unbekannte Einbrecherin überraschte, fanden wir einen Daumenabdruck... Den gleichen Abdruck stellten wir auf dem Tischchen in Ihrem Salon fest, wo der ermordete Lordy Brown aufgefunden wurde.«

»Mein Gott! Der Mörder also? Ein Daumenabdruck – auf dem Tischchen, sagten Sie? Und auf – Larkins – Glas? Sie haben den Abdruck doch sicher fotografiert?«

»Natürlich. Interessant daran ist, daß wir zwar einen Daumenabdruck, aber keinen einzigen Abdruck der Finger fanden. Das ist um so verwunderlicher, als doch niemand ein Glas nur mit dem Daumen aufheben kann. Ich habe zwar meine eigene Theorie, möchte aber . . .«

Der Inspektor brach ab und ging zum Telefon. Bourke wollte eben das Büro verlassen, als ihn der Anruf erreichte.

Derrick hatte das Haus bereits verlassen, als der Chef eintraf.

»Haben Sie die Kerle bei dieser Bohrarbeit gehört?« fragte er, als er den Derrickschen Salon betreten hatte.

»Nein, ich war ausgegangen.«

Dick erzählte nicht, warum er ausgegangen und auf wessen Veranlassung es geschehen war. Bourke schien sich auch nicht dafür zu interessieren.

»Hier ist ja der Daumenabdruck wieder!« stellte er sogleich fest. »Ja, ich erkenne ihn jetzt ohne Vergrößerungsglas. Mit Stempelfarbe also?« Er berührte den noch immer feuchten Fleck. »Hm, künstlich angebracht . . .«

»Ja, mit einem Gummistempel«, bestätigte Staines. »Ebenso wie der Abdruck auf dem Glas und der Tischplatte. Nur, daß sie dort keine Stempelfarbe benutzten, sondern ein wenig Wasser die gleichen Dienste leistete. Den Abdruck des Slougher Mörders nachzuahmen, war ja keine Kunst, denn es gibt mindestens drei Fachwerke, die ihn reproduzierten.«

»Wir sollten wohl damit aufs Glatteis geführt werden«, meinte Bourke. »Merkwürdig. Ich hätte das nie gedacht. Hatten Sie Ihre Alarmvorrichtung in Betrieb? Na, da Sie ausgegangen waren, hatte sie ja nicht viel Zweck.«

Staines erklärte dem Chef, daß Minns den Alarm gehört, aber nicht gewußt habe, was tun.

»Er hätte die Wache benachrichtigen sollen«, sagte Bourke. »Die Leute sind doch zu dumm! Man hat Sie wohl aus dem Haus gelockt, wie?«

Dick schwieg.

»Sie müssen es verdammt schlau angefangen haben«, fuhr Bourke fort. »Sie sind doch keiner von denen, die jedem Unterrock nachlaufen.«

Er war mit der genauen Betrachtung der Bohrlöcher beschäftigt, bemerkte also die Röte im Gesicht seines Untergebenen nicht. Dick erinnerte sich lebhaft der Umstände seines Spaziergangs, er dachte an die Anspielungen Marys und an die Worte, die sie ihm noch vom Zug aus zugeflüstert hatte. Der Verdacht, den Bourke ausgesprochen hatte, war gerechtfertigt. Verdacht? Nein, es war für Dick Gewißheit.

Er sah totenblaß aus, so daß Bourke es bemerkte.

»Krank, Staines?« erkundigte er sich.

»Zum Kotzen!«

»Soll ich Ihnen noch einen Mann herschicken?« fragte der Chef.

»Nein, ich hatte es Derrick schon vorgeschlagen, aber er wollte es nicht. Er will das Haus ganz aufgeben, meinte sogar, ich brauche nicht mehr länger Tommys Gastfreundschaft in Anspruch zu nehmen. Derrick ist nach London zurückgekehrt, weil er zu einer Sitzung mußte.«

»Was er in seinem Haus anordnet, ist seine Sache«, erwiderte Bourke. »Ich möchte jedenfalls, daß Sie noch länger bei Lord Weald bleiben. Übrigens, da fällt mir ein – wir sollten mal Inspektor Endred konsultieren, er kennt die Häuser von früher her, als sie noch nicht umgebaut waren. Nun ja – der Daumenabdruck ist jedenfalls künstlich angebracht worden. Doch warum? Da steckt etwas dahinter, was wir noch nicht ahnen. Sicher ist nur – man will uns auf die Person jenes Mörders aufmerksam machen. Und dann noch etwas: Lordy Brown wurde vom Mörder von Slough getötet, das steht für mich fest. Derselbe Schuß, Richtung von unten nach oben. Bleiben Sie bei Weald! Ich glaube, nur so werden wir den größten Fall, den wir seit langem hatten, erfolgreich abschließen können.«

17

Inspektor Staines faßte einen heldenhaften Entschluß. Er wollte alles auf eine einzige Karte setzen, sich Mary Dane offenbaren, ihr die ganze Sachlage darlegen und seinen Verdacht ihr gegenüber klar und offen beichten. Nicht einen Augenblick lang hatte er ernstlich geglaubt, daß sie an der Ermordung Lordy Browns beteiligt gewesen war. Sosehr er die ganze Sache auch drehen und wenden mochte, die Gewißheit blieb, daß sie allein ihm die notwendigen Aufklärungen geben konnte.

Er legte sich mit dem festen Vorsatz schlafen, gleich den ersten Frühzug nach Margate zu nehmen, um ein für allemal mit diesen Unklarheiten aufzuräumen. Er ließ dem Vorsatz auch wirklich die Tat folgen und landete an seinem Ziel, ohne bestimmt zu wissen, ob er Mary Dane dort noch antreffen würde. Der alte Cornfort reiste wie ein Komet von einem Seebad zum andern, und das Mädchen mußte ihm folgen. Vielleicht war der alte Invalide überhaupt der Schlüssel zu den vielen Rätseln, die seine Pflegerin umgaben? War alles nur ein Schauspiel, das man vor der Welt aufführte, um über die wirklichen Absichten der Spieler hinwegzutäuschen? War es tatsächlich die Doppelgängerin, die die verdächtige Rolle spielte, die ihn mit so tiefem Mißtrauen gegen Mary Dane – das Mädchen, das ihm seine Liebe erklärt hatte – erfüllte?

Lordy Brown hatte vor seinem Tod von einer Miss des Villiers aus Kapstadt gesprochen. Welche Rolle spielte sie in diesem Drama? Staines hatte schon die Absicht, nach Südafrika zu kabeln, um sich über das Mädchen zu erkundigen, fand aber in der Bibliothek des Yard ein Adreßbuch Kapstadts, das nicht weniger als drei volle Seiten ›de Villiers‹ aufführte. Warum hatte er Lordy nicht über die näheren Umstände seiner Bekanntschaft mit dieser Mary de Villiers befragt? Doch, was hatte es jetzt noch für einen Zweck, sich darüber den Kopf zu zerbrechen? Lordy war tot und allen Fragen entrückt.

Vielleicht wußte Tommy, der im Cliftonville Hotel wohnte, wo Mary Dane zu finden war? Dick ärgerte sich nicht mehr allzusehr über die Verliebtheit seines Freundes, im Gegenteil, für ihn war der Lord das wandelnde Alibi der Verdächtigen. Ob auch Mary Dane den Verehrer von diesem Standpunkt aus betrachtet und ihn deshalb ermutigt hatte, sich dauernd in ihrer Nähe aufzuhalten?

In Margate traf Staines seinen Sergeanten Rees, der mit dem gleichen Zug von London gekommen war. Er gab ihm die erforderlichen Erklärungen und Instruktionen, derer er sich aber gleich darauf schämte. Dann begab er sich zuerst zum Hotel und erkundigte sich nach Tommy.

»Ja, Sir, Lord Weald wohnt hier, aber ich glaube, er ist vorhin ausgegangen«, teilte ihm der Portier mit.

Ein Kellner, der eben vorbeiging, wußte genaueren Aufschluß zu geben.

»Lord Weald ist unten am Strand – er hält sich bei dem Invaliden auf, der immer im gelben Rollstuhl herumgefahren wird.«

Und dort traf ihn Dick auch.

»Hallo, mein Junge!« rief der Lord bei seinem Anblick übertrieben laut.

Als Dick schnell aufsah, begegnete er dem Blick Mary Danes, die ihn prüfend ansah.

»Guten Morgen!« begrüßte er die Gesellschaft.

»Was willst du denn hier in Margate?« wollte Tommy wissen.

Er begegnete dem unverhofften Besucher sichtlich nicht mit der Freundlichkeit, die zwischen ihnen üblich war. Staines konnte ihm das auch nachfühlen. Cornfort schlief, und unter den fragenden Blicken Mary Danes fühlte Dick, wie ihn der Mut verlassen wollte.

»Ich kam, um etwas mit Miss Dane zu besprechen.«

Tommy schien diese Antwort nicht zu befriedigen.

»Was kannst du mit ihr zu besprechen haben?« fragte er mißmutig. »Warum hast du uns deine Ankunft nicht vorher mitgeteilt? Ich meine natürlich – mir mitgeteilt, denn für Miss Dane kann ich nicht sprechen«, korrigierte er sich, nachdem er den verwunderten Blick des Mädchens bemerkt hatte. »Du hast den alten Herrn zu Tode erschreckt – er leidet sowieso an Herzbeschwerden.«

»Nun, bitte –«, sagte Mary Dane verbindlich lächelnd, »fahren Sie weiter, Tommy?«

»Weiterfahren?« fragte dieser verwirrt. »Wie meinen Sie das?«

»Mit dem Rollstuhl! Sie sollen mit dem Rollstuhl weiterfahren!«

Tommy blickte beleidigt von einem zum andern, dann zuckte

er ergeben die Achseln und trollte sich mit dem Kranken davon.

»Ich kann Sie erst nach dem Mittagessen treffen, Mr. Staines«, begann Miss Dane. »Mein Pflegebefohlener legt sich nach Tisch hin, und wenn Sie mich dann in Westgate erwarten wollen, können wir uns dort vor dem Hotel treffen. Punkt drei, bitte. Oder ist Ihnen das zu spät? Vielleicht schon um zwei?«

»Das wäre mir lieber, denn ich könnte dann mit dem Drei-Uhr-Zug nach London zurück.«

»Wollen Sie mich dienstlich sprechen?«

»Ja – das heißt, mehr noch in persönlicher Sache.«

Er fragte sich, ob sie die Worte bereute, die sie ihm bei ihrer Abfahrt von London zugeflüstert hatte. Aber eine innere Stimme beruhigte ihn darüber. Er war sicher, daß sie auf jene Szene mit keinem Wort mehr zurückkommen würde.

Mit förmlichem Gruß verabschiedete sie sich von ihm und eilte Tommy und dem Rollstuhl nach. Dick sah sie mit Tommy einige Worte wechseln, worauf der Lord den Rollstuhl im Stich ließ und widerwillig auf seinen Freund zukam.

»Es tut mir wirklich leid, mein Junge, wenn ich etwas ungeduldig gewesen bin, als du so unvermutet hereinschneitest, aber du weißt doch ... Es ist wie verhext! Treffe ich abends mit ihr zusammen, dann ist sie eitel Sonnenschein für mich, und früh – der reine Nordpol. Zwei Seelen wohnen, ach, in ihrer Brust! Ich reibe mich dabei auf, kann nachts nicht einmal mehr schlafen, Dicky. Pfui Teufel!«

Er wischte sich den Schweiß von der Stirn.

»Schlimm, schlimm –«, bedauerte ihn Dick heuchlerisch.

»Ja, ich wußte, du würdest mit mir fühlen. Manchmal ist sie schrecklich, hart wie Schmiedeeisen. Als ich ihr erzählte, daß ich heute nacht nur sieben Stunden geschlafen habe, lachte sie mich bloß aus.«

»Aber, Mensch, wie lange schläfst du denn sonst?«

»Zehn! Der Arzt sagte mir, ich hätte ein Gehirn, das so langen Schlaf benötigt!«

»Da kann ich ihm nur beipflichten!« meinte Dick anzüglich. »Ich würde das aber meine Bekannten nicht gleich wissen lassen, denn sie könnten einen falschen Begriff von dir bekommen. Also, du liebst Mary Dane?«

»Bis zur Verzweiflung... Wenigstens abends! Frühmorgens möchte ich sie lieber hassen! Dann ärgert und belästigt sie mich auf jede Art und Weise, wird grob, verliert ihre weibliche Sanftmut, und wenn ich morgens wagte, ihre Hand zu ergreifen, würde es mir wohl kaum gut ergehen. Wenn ich sie dann ansehe, komme ich mir vor, als hätte ich von einem Werkmeister in einer Sprengstoffabrik ein Streichholz verlangt, um mir eine Zigarette anzuzünden. Ich habe das nämlich einmal versucht, und der Mann wurde recht unhöflich.«

»Du versuchst wohl öfters, ihre Hand zu ergreifen?«

Dick stellte die Frage in sorglosem Ton, als läge ihm nicht viel an der Antwort, aber Tommy faßte es anders auf.

»Deshalb brauchst du nicht gleich eifersüchtig zu werden, mein Junge! Natürlich fasse ich oft nach ihrer Hand. Das macht doch jeder normale junge Mann, der in ein Mädchen verliebt ist.«

Es wollte Staines nicht in den Kopf, daß ein Mädchen wie Mary Dane ein Vergnügen daran finden konnte, die feuchte Tatze seines aristokratischen Freundes stundenlang in ihrer Hand zu halten. »Wetten, Tommy, daß du ihre Hand nicht allzuoft zu fassen bekommst?« fragte er herausfordernd.

»Diese Wette würdest du verlieren, alter Junge! Ich habe sogar um ihre Hand angehalten...«

»Und sie fiel dir natürlich gleich um den Hals?«

»Nicht gerade das«, erwiderte der Lord seelenruhig, »aber sie sagte mir, sie wünsche sich nichts Besseres als mich zum Gatten. Unter gewissen Vorbehalten nahm sie meinen Antrag an.«

Offenen Mundes starrte ihn Dick an.

»Mit einigen Vorbehalten, sagte ich«, fuhr Tommy fort. »Sobald der Alte im Rollstuhl das Zeitliche segnet, will sie ihren Pflegerinnenberuf an den Nagel hängen, und dann... Na, dann wird es eben eine neue Gräfin Weald im ›Gotha‹ geben. Stell sie dir mal mit einer Grafenkrone vor, Dicky! Ich habe da vor einigen Tagen in einer Londoner Auslage ein herrliches Diadem gesehen.«

»Aber – aber ...« stotterte Dick.

»Kein Aber! Es ist die Wahrheit. Sie ist ein Engel – und klug, sag' ich dir! So etwas gibt es nicht mehr. Als ich ihr einen herrlichen Diamantring brachte, meinte sie, sie wolle ihn nicht tragen, weil er zu auffällig sei. Ich kaufte ihr also einen einfacheren, den du sicher an ihrer Hand bemerkt hast, nicht wahr?«

Vor Dicks Augen schien sich alles zu drehen. War das, was Tommy hier zum besten gab, ein Traum oder nur ein schlechter Witz?

»Nein, es ist kein Witz«, erklärte Tommy auf Dicks unverblümte Frage. »Warum denn sollte ein Mann wie ich nicht heiraten? Findest du das so komisch? Meine Eltern haben doch auch geheiratet, sonst würdest du nicht das Vergnügen haben, mich hier neben dir zu sehen – na?«

Staines erwiderte nichts. Die Mitteilungen Lord Wealds hatten ihn zu sehr überrumpelt. Mary Dane verlobt? Er riß sich zusammen.

»Meinen herzlichsten Glückwunsch, mein lieber Tommy!«

»Danke.« Die Selbstverständlichkeit, mit der Tommy den Glückwunsch entgegennahm, verwirrte Dick noch mehr. »Jane und ich ...«

»Jane?«

»Ja, sie heißt Jane Mary, ich nenne sie aber stets Jane – auch ihre Leute rufen sie nur so. Wie kommt es eigentlich, daß zu Hause jeder einen andern Namen hat als draußen? Mein Vater nannte mich immer ›Dackelauge‹! Er schien diesen Spitznamen als Kosewort aufzufassen. – Sie bat mich jedenfalls, sie in der Öffentlichkeit nur Jane zu nennen – das heißt, sie hat mich darum nicht gerade gebeten, sondern gestattete mir, nur ihren Vornamen zu gebrauchen. Nur ihre allerbesten Freunde dürfen sie so nennen. Du bist doch auch ein guter Freund von ihr, nicht wahr?«

»Ich werde sie trotzdem nicht Jane nennen –«, schnitt Dick die Rede ab.

Sollte er lachen oder heulen? Was hatte es noch für einen Zweck, mit ihr zusammenzutreffen? Er wäre sofort wieder nach London zurückgefahren, hätte er ihr nicht versprochen, sie um zwei Uhr in Westgate zu treffen. Ach was, er mußte die Unterredung, die er nun einmal veranlaßt hatte, auf sich nehmen.

Sie hatten sich auf eine Bank gesetzt. Der Lord, schläfrig, wie er war, nickte ein. Dick warf einen abschätzenden Blick auf ihn. Der Schönheit und Männlichkeit wegen hatte sie seine Werbung bestimmt nicht angenommen. War es der Titel? Das Geld?

»Es geht mir nicht in den Kopf!« sagte er laut zu sich selbst.

Tommy öffnete erschrocken die Augen.

»Ja, die Sonne ermüdet mich immer, und noch dazu diese Luft!«

»Wann wollt ihr denn heiraten?« erkundigte sich Staines.

»Das weiß ich noch nicht. Natürlich muß es eine Hochzeit erster Klasse werden, mit Kathedrale, Orgel, Ehrenjungfrauen, Blumen. Meine Tanten werden schön erschrecken, besonders die mit den unverheirateten Töchtern. Nein, ich bin nie ein Freund von Verwandtenehen gewesen. Es ist eugenisch widersinnig und ich bin ein Mann, der auf Eugenik schwört.«

Er sprach schon wieder halb im Schlaf. Sein Kinn sank herunter, und die Hände hatte er über sein gut entwickeltes Bäuchlein gefaltet. Er war wirklich kein Apoll, wie er da im Glanz der Morgensonne vor sich hindöste.

»Mein Gott!« seufzte Staines und verließ den Schlafenden.

Pünktlich zur festgesetzten Stunde stieg Mary aus dem Taxi, das sie zum Stelldichein gebracht hatte. Sie trug diesmal nicht die Pflegerinnentracht, sondern ein graues Kostüm, das sie ausgezeichnet kleidete.

»Wir wollen den Weg nach Margate einschlagen«, bat sie.

Er schritt neben ihr, und sie sprachen lange Zeit kein Wort. Endlich brach sie das Schweigen.

»Kommen Sie, wir wollen uns hier auf den Rasen setzen – die Leute werden zwar denken, wir seien ein Brautpaar, aber Sie werden hoffentlich auch darüber hinwegkommen!«

Er vermutete, daß sie das Thema ganz bewußt aufs Tapet brachte, lehnte es jedoch ab, darauf einzugehen.

»Warum wollen Sie mich sprechen, Mr. Staines?« fragte sie, als er den Köder nicht aufnahm.

»Warum baten Sie mich vor einigen Tagen, Sie zum Bahnhof zu begleiten?«

Sie zupfte, ohne aufzublicken, einige Halme ab.

»War meine Bitte so ungewöhnlich, daß Sie mich nach dem Grund fragen müssen? Warum sollte ich Sie nicht um Ihre Begleitung bitten?«

»Während meiner Abwesenheit wurde in Derricks Haus eingebrochen. Man hat beträchtliche Verwüstungen angerichtet. Wahrscheinlich suchte man nach verborgenen Schätzen. Die Einbrecher müssen, mit einer einzigen Ausnahme, die gleichen Leute gewesen sein, die früher schon dasselbe versucht hatten. Nur – die Dame, die das Parfüm ›Sant Atout‹, benutzt, war jedenfalls nicht dabei.«

»Sie meinen wohl mich?« fragte sie. »Wollen Sie ernstlich behaupten, ich hätte Sie mit meiner Bitte um Ihre Begleitung absichtlich vom Haus weggelockt, um den Einbrechern – meinen Freunden wohl, nicht wahr? – Gelegenheit zu geben, ungestört ihre Arbeit verrichten zu können?«

Er schwieg.

»Ist das Ihre Vermutung?« beharrte sie.

»Ich vermute gar nichts –«, sagte er endlich, »ich fragte Sie nur, ob . . .«

»Ja, ich weiß, Sie fragten mich, warum ich Sie gebeten habe, mich zum Bahnhof zu begleiten. Ist die Erklärung nicht klar genug?«

»Nein. Ich will mehr wissen, Miss Dane.« Er geriet nachgerade in eine Stimmung, die der Verzweiflung ziemlich nahe war. Er wunderte sich, warum er diesem Mädchen gegenüber, der Braut eines anderen, noch Rücksichten walten ließ. »Immer und überall treffe ich in London, ja in ganz England, auf Sie oder Ihre Doppelgängerin. Ich hege den Verdacht – ja, es ist ein Verdacht, Miss Dane –, daß Sie irgendwie mit dem Einbrecherteam in Verbindung stehen. Warum und zu welchem Zweck, das vermag ich nicht zu sagen. Vielleicht kann ich Ihnen behilflich sein, Mary . . .« Er legte seine Hand auf die ihre, und sie ließ es geschehen. »Nicht als Kriminalbeamter, sondern als – Freund. Wenn Sie sich wirklich, aus Abenteuerlust oder aus anderen

Gründen, auf dieses heiße Pflaster begeben haben sollten...«
»Ich oder meine Doppelgängerin?« unterbrach sie ihn.
»Oder Ihre Doppelgängerin –«, räumte er ein. »Wenn Sie verhaftet würden, wäre es für mich zu spät, einzugreifen. Jetzt aber sind mir die Hände noch nicht gebunden. Ich kann alle Gefahren noch von Ihnen abwenden. Schenken Sie mir doch ein wenig Vertrauen!«
Sie blickte auf die sich vor ihnen ausdehnende Wasserfläche und schüttelte mutlos den Kopf. Plötzlich sah sie ihm in die Augen.
»Sie haben das Recht, von mir Vertrauen zu verlangen – aber ich darf es Ihnen nicht schenken.«
Er war starr. Da fiel sein Blick auf den kleinen Ring, den sie am Finger trug. Er hatte ihn noch nie an ihr gesehen.
»Tommy hat mir sein Glück gebeichtet –«, sagte er zögernd, »er ist ein netter Kerl...«
»Reich?«
Die Frage kam so kaltblütig und unvermutet, daß er einen Augenblick sprachlos war.
»Ja, das ist er – und er wird, wenn einige seiner Erbtanten sterben, noch viel reicher sein.«
»Sie schämten sich wohl für mich wegen meiner Frage? Aber finden Sie nicht, daß – wäre er reich und ich wirklich seine Braut – ich die größte Idiotin sein müßte, wenn ich mich in verbrecherische Abenteuer einließe?« Sie blickte auf ihren Verlobungsring. »Sie halten mich wohl für eine ausgemachte Kokotte, nicht wahr? Nun, Sie wissen ja aus Erfahrung, wie selbstbeherrscht ich bin.«
»Ja, die Erfahrung machte ich verschiedentlich«, sagte er unbestimmt und erhob sich.
»Aber der beste Beweis, daß ich Selbstbeherrschung besitze, ist die Tatsache, daß ich diesen Ring noch nicht dort ins Wasser geschleudert habe. Diesen einen Punkt müssen Sie mir wenigstens zugute halten.«
Sie klopfte ihm auf den Arm.
Alles, was sie bisher getan hatte, war genauso unerwartet ge-

wesen wie ihre Worte. Sie brachte es jedesmal fertig, ihn immer von neuem an der Nase herumzuführen.

»Nun gehen Sie, Mr. Staines, Sie haben gerade noch Zeit, in Westgate Ihren Zug zu erreichen. Ich fahre mit dem Taxi zurück. Tommy bekommt in mir eine richtige Verschwenderin zur Frau.« Plötzlich klang ihre Stimme halb erstickt vor mühsam zurückgehaltenen Tränen. »Einmal, Dick Staines, habe ich Sie belogen. Aber ich habe nicht geheuchelt, als ich Ihnen jenes Geständnis auf dem Londoner Bahnhof machte. Es ist die Wahrheit. Ich bin noch immer nicht darüber hinweg und werde es auch nicht so bald sein. Dies, mein Geliebter, mußt du immer vor Augen haben!«

Bevor er etwas erwidern konnte, hatte sie das wartende Taxi erreicht und war eingestiegen. Noch einmal drückte sie ihm die Hand, und als sich der Wagen schon in Bewegung setzte, sagte sie traurig:

»Ach, Dick, mein Liebling, ich bin in einer schrecklichen Lage!«

Er hatte sie noch nicht aus den Augen verloren, als ihm in den Sinn kam, daß er Rees beauftragt hatte, sie zu beobachten. Es gab ihm einen Stich.

18

In London war das Wetter trübe und regnerisch. Staines war in der Erwartung von Margate zurückgekommen, den gleichen Sonnenschein wie dort auch in der Hauptstadt anzutreffen. Er war enttäuscht. Auch sonst war seine Stimmung nicht die beste. Er ärgerte sich über alles und jedes. Minns war, als er das Wealdsche Haus erreichte, soeben ausgegangen. Ein langes Schriftstück vom Yard lag auf dem Schreibtisch, das auf einen viele Jahre zurückliegenden Fall Bezug nahm, den Staines aufgeklärt und erledigt geglaubt hatte. Einsam nahm er sein Mahl ein. Er hatte kaum gegessen, als der zurückgekehrte Minns den Besuch Larkins meldete.

»Es sei nichts Wichtiges, Sir, sagt er. Er wartet draußen. Soll ich ihn so lange warten lassen, bis Sie Zeit haben, Sir?«

»Bringen Sie ihn nur gleich herein!«

Larkin wollte nur berichten, daß es nichts zu berichten gebe, und daß er seine gewohnten Runden im Nebenhaus gemacht habe.

»Erinnern Sie sich des eisernen Schranks, Sir, der oben im Büro steht? Sie schlossen ihn doch nicht zu, nicht wahr?«

»Nein. Ich glaube, die Tür war mit einem Schnappschloß versehen. Warum? Hörten Sie etwas Verdächtiges im Schrank?« fragte Staines ironisch und fuhr gleich fort: »Da fällt mir gerade etwas ein – Sie wissen doch, an dem Abend, als ich Sie bewußtlos in der Küche fand und eine unbekannte Dame Ihre Taschen durchsuchte... Was, glauben Sie, kann man bei Ihnen gesucht haben? Sie hatten doch Schlüssel bei sich? Ich habe mich leider nie bemüht, diese Dinge richtig abzuklären.«

»Ich kann mir wirklich nicht denken, Sir, was man bei mir gesucht hat. Ja, ich hatte den Schlüsselbund dabei, und die Schlüssel für den Weinkeller...«

»Die man Ihnen weggenommen hat?«

»Nein, nicht beide, nur einen davon. Es waren nämlich zwei Schlüssel davon an dem Bund, den mir Mr. Derrick vor seiner Abreise aushändigte.«

»Haben Sie den anderen Schlüssel noch?«

»Ja, aber ich weiß nicht recht, Sir, ob ich Ihnen den geben darf. Es ist ja, nachdem einer verschwunden ist, der einzige, der übriggeblieben ist.«

»Der Weinkeller interessiert mich, Larkin! Sie können mir den Schlüssel ruhig anvertrauen – ich verliere ihn nicht, und ich bin ehrlich. Mr. Derrick wird nach meinem Besuch bestimmt keine Flasche vermissen.«

Schon im Gehen sagte Larkin noch:

»Ja, eine Sache wollte ich Ihnen noch melden, Sir – Mr. Derrick gab mir vor seiner Abreise strengen Befehl, alle Fenster zu verriegeln und die Läden zu schließen. Ich weiß nicht, ob er mit Ihnen darüber gesprochen hat?«

Staines lachte.

»Na, ich glaube nicht, daß ich noch mal in die Lage komme, ein Fenster eindrücken zu müssen. Ich habe ja den Hausschlüssel. Gehen Sie nach Hause?«

»Wissen Sie«, meinte Larkin, »ich gestehe Ihnen offen – keine zehn Pferde brächten mich dazu, nochmals eine Nacht drüben zu schlafen!«

Dick beendete noch seine für Scotland Yard bestimmten schriftlichen Arbeiten und machte sie postfertig. Nun lag die Nacht vor ihm, und er konnte schalten und walten, wie er wollte. Er grübelte über seine neuesten Theorien nach – bei nüchterner Betrachtung kamen sie ihm so unwahrscheinlich und phantastisch vor, daß er selbst sie kaum für möglich hielt.

Er blickte auf seine Uhr. Es war bald zehn. Um diese Zeit erwartete er den Bericht des in Margate gebliebenen Rees, den er Mary Dane auf die Fersen gesetzt hatte. Um sich die Zeit zu verkürzen, trat er auf die Straße hinaus und betrachtete Derricks Haus. Nichts an der dunklen Hausfront deutete auf etwas Ungewöhnliches. Er kehrte ins Haus zurück und wartete auf Rees' Bericht. Gegen elf Uhr kam der Anruf.

»Bitte, entschuldigen Sie, Mr. Staines, daß ich erst jetzt anrufe. Ich bin im Hotel. Die junge Dame habe ich zweimal gesehen.«

»Regnet es in Margate?«

»Nein, das Wetter ist herrlich, und Miss D. spaziert draußen mit Lord Weald auf und ab. Es war leicht, sie zu beobachten, da die Nacht ziemlich dunkel ist. Lord Weald hält die Dame an der Hand – sie gehen wie Kinder mit schwingenden, ineinander verschlungenen Händen nebeneinander her.«

Dick hatte die Zähne zusammengebissen – dieser Teil des Berichts war nicht unbedingt das, was er hören wollte.

»Hoffentlich ist Ihnen von dem Anblick nicht schwindlig geworden«, bemerkte er sarkastisch. »Teilen Sie mir das Notwendige mit und lassen Sie alles Nebensächliche beiseite. Wie spät war es, als Sie die Herrschaften zum letztenmal sahen?«

»Vor zwei Minuten, Sir.«

Nachdenklich hängte Staines ein. Er machte sich zum Schlafengehen bereit, als ihn eine der drei vor seinem Bett angebrachten Alarmklingeln aufschreckte. Ohne einen Augenblick zu verlieren, ließ er sich mit Scotland Yard verbinden.

»Sämtliche verfügbaren Mannschaften nach dem Lowndes Square!« rief er in den Apparat. »Derricks Haus ist von allen Seiten zu umzingeln. Niemand darf das Gebäude verlassen!«

Er zog seinen Mantel an, nachdem er sich der Schußwaffe in seiner Tasche vergewissert hatte. Im Augenblick, als er das Zimmer verlassen wollte, kam Minns herein, um sich nach den weiteren Wünschen des Gastes zu erkundigen. Beim Anblick der schußbereiten Pistole wurde er bleich.

»Sind Sie wieder da?« fragte er zitternd.

»Ja. Lassen Sie die Dienerschaft nichts merken, Minns! Sie bleiben hier. Sie brauchen keine Angst zu haben – fünfzig Polizisten werden in wenigen Minuten das Nachbarhaus umzingelt haben.«

Der Inspektor wollte eben Derricks Haustür aufschließen, als er hörte, daß von innen leise die Riegel vorgeschoben wurden. Er war um eine Sekunde zu spät gekommen. Ohne zu zögern stürmte er zurück, an dem verblüfften Minns vorbei die Treppe hinauf. Beide Häuser hatten ja dieselben Oberlichtschächte mit den gleichen Feuerleitern ...

Er zog die Leiter aus dem Schacht herunter. Minns, der ihm gefolgt war, sah es.

»Die Leiter führt aufs Dach, Sir«, erklärte er.

»Wirklich?« fragte Staines spöttisch.

In zwei Sekunden war er oben und kletterte die wenigen Meter übers Dach zur Schachtluke des Nebenhauses. Eine Lampe brauchte er nicht, denn von unten aus dem Derrickschen Haus drang ein schwacher Lichtschein. Mit großer Vorsicht kletterte er den Schacht hinunter, bis er endlich auf dem Korridor landete. Lauschend schlich er dem Geländer entlang bis zur Biegung, wo die Treppenstufen begannen.

Ein Schauder lief ihm über den Rücken – die Tür des Zimmers, in dem Larkin geschlafen hatte, öffnete sich langsam ... Dann stand ein Mädchen auf der Schwelle, von Kopf bis Fuß schwarz gekleidet, und streckte horchend den Kopf vor. Es war Mary Dane!

Er hatte sie zwar nie schwarz gekleidet gesehen, aber er hätte seinen Kopf darauf gewettet, daß sie es war. Er konnte beinah ihre Atemzüge hören, so nahe war er ihr. Behutsam zog sie die Tür des Zimmers, aus dem sie gekommen war, hinter sich zu und begann, sich langsam den Korridor entlangzuschleichen.

Nun bewegte sich eine andere Tür. Der Rücken des Mädchens war Dick zugewandt. Er vermutete, daß nun auch der Bundesgenosse der nächtlichen Besucherin auftauchen würde. Endlich sah er ihn – das Gesicht war noch im Schatten, aber dann erkannte er, daß der Eindringling einen mit zwei Löchern für die Augen versehenen Strumpf über den Kopf gezogen hatte.

Warum hatte sich nicht auch das Mädchen maskiert? Plötzlich stockte Staines das Blut in den Adern – er sah, wie sich der Mann leise an die Wartende heranschlich und sie bei der Kehle packte. Er sah ihren erschreckten Blick, hörte ihren entsetzten Ausruf. Dann begann sie um ihr Leben zu kämpfen.

»Endlich hab' ich dich!«

Zischend stieß der Mann die Worte aus. Der Widerstand des Mädchens ließ nach. Jetzt zerrte er das Opfer zu der Tür, aus der er eben gekommen war. In diesem Augenblick erscholl Dicks scharfer Befehl:

»Lassen Sie das Mädchen los – oder ich schieße!«

Der Inspektor sah zwei wütende Augen auf sich gerichtet – im nächsten Moment hatte der Maskierte sein Opfer losgelassen und raste die Treppen hinab. Dick wäre ihm gefolgt, aber das Mädchen, das er für Mary Dane hielt, war bewußtlos zusammengesunken. Er hob sie auf und trug sie ins Büro. Als er Licht machen wollte, stellte er fest, daß jemand sämtliche Birnen ausgeschraubt hatte. Beim Schein seiner Taschenlampe betrachtete er das Gesicht der Ohnmächtigen.

»Mary!« flüsterte er zärtlich.

Sie öffnete die Augen und starrte ihn an. Dann griff sie tastend an ihre Kehle, die der Maskierte so brutal umklammert hatte.

»Was wolltest du hier?« fragte Dick. »Bist du verletzt?«

Sie schüttelte den Kopf, immer noch die Hand an der mißhandelten Kehle. Dann flüsterte sie:

»Gib mir einen Schluck Wasser!«

Er eilte ins Badezimmer, um ihren Wunsch zu erfüllen. Als er ins Bürozimmer zurückkehrte, war das Bett, das Larkin früher benutzt hatte, leer. Das Mädchen war verschwunden. Die Doppelgängerin – oder war es Mary selbst – war entflohen.

Ein Klopfen an der Haustür rief Staines in die Wirklichkeit zurück. Er eilte hinunter, um zu öffnen. Die Straße war voll von uniformierten Polizisten der Überfallkommandos.

»Haben Sie jemand bemerkt?« fragte er einen Beamten.

»Nein, Sir, wir sind eben erst gekommen.«

Die Durchsuchung des Hauses verlief ergebnislos. Ein Taxichauffeur, der auf der anderen Straßenseite gewartet hatte, sagte aus, daß er auf der Straße einen Mann habe laufen sehen. Kurz danach seien die Polizisten erschienen. Während Staines sich mit dem Mann noch unterhielt, kam Minns.

»Sie werden von Margate verlangt, Sir!«

Es war Rees.

»Lord Weald ist eben ins Hotel zurückgekehrt, Sir«, berichtete er, »und die junge Dame ist zu Hause. Soll ich noch hierbleiben?«

»Ja«, erwiderte Staines. »Behalten Sie das Haus die ganze Nacht unter Beobachtung – melden Sie mir morgen früh, ob sich etwas ereignet hat. Ich will wissen, wer ein- und ausgeht.«

Der arme Rees, der schon den ganzen Tag auf den Füßen war, seufzte schwer.

»Ich weiß, ich weiß, es klingt grausam«, tröstete ihn der Inspektor, »aber wenn Sie mir diesen Gefallen tun, Rees, sollen Sie zwei Tage Urlaub haben!«

»Besten Dank, Sir. Essen darf ich aber wohl erst, wie?«

Dick verstand den Galgenhumor und kicherte.

»Ja, das können Sie!«

Dann hängte er ein.

»Ich brauche einige elektrische Birnen, Minns«, wandte er sich an den Diener.

Als er Derricks Büro wieder betrat, um die Birnen einzuschrauben, fiel ihm auf, daß die Schranktür, die vorhin, als er das Mädchen ins Zimmer getragen hatte, offengestanden hatte, verschlossen war.

»So –«, murmelte er vor sich hin, »jetzt ist meine Stunde gekommen – zuerst einmal ein Stemmeisen her!«

Vorsorglich zog er erst an der Tür, in der Hoffnung, daß sie aufgehen würde. Aber sie war zweifach verriegelt, und es dauerte eine halbe Stunde, bis er sie mit dem Stemmeisen aufgebrochen hatte. Dann erst gab sie seinem wütenden Ansturm nach, ja, öffnete sich überraschend leicht.

Irgendwo muß ein elektrischer Kontakt vorhanden sein, der die Tür auf- und zuschnappen läßt, überlegte sich Staines. Wie dumm von mir, daß ich das nicht vorher schon ausprobiert habe!

Nun begann er, die Rückwand zu bearbeiten, gab aber den Versuch bald wieder auf, als er merkte, daß er auf diese Weise nie zum Ziel kommen würde. Auch die Seitenwand war aus gehärtetem Stahl. Plötzlich kam ihm ein Gedanke. Er schickte einen Polizeibeamten nach unten, um sämtliche elektrischen Anschlüsse auszuschalten. Doch auch jetzt ereignete sich nicht das Erwartete.

»Schalten Sie die Leitungen wieder ein!« befahl er dem zurückkommenden Beamten. »Vielleicht arbeitet dieser Verschluß von einem Heizkontakt aus. Es gibt hier ja vier Sicherungen.«

Es dauerte ziemlich lange, bis der Mann, der nach unten gegangen war, den Kontakt wiederhergestellt hatte. Staines wurde schon ungeduldig. Auf einmal – er unterhielt sich gerade mit einem Inspektor des Überfallkommandos – spürte er, wie die Wand, gegen die er sich lehnte, nachgab. Sie öffnete sich wie eine Tür.

Er nahm seine Taschenlampe und leuchtete die Höhlung ab, in der eine steile Wendeltreppe aus Stein nach unten führte. Sie war so schmal, daß ein beleibter Mensch sie kaum hätte benützen können. Auch Staines mußte seitwärts gehen und den Kopf gesenkt halten, um nicht an die Decke zu stoßen. Er war kaum vier Stufen nach unten gestiegen, als er eine Maueröffnung sah. Er blickte hindurch und entdeckte, daß es sich um den Kaminabzug für den Salon handelte. Von hier also war das höhnische

Lachen gekommen, das ihn vor einigen Tagen so erschreckt hatte!

»Haben Sie je so etwas gesehen?« rief er dem oben gebliebenen Inspektor zu.

»Nein, aber diese Treppe kenne ich!«

»Woher?« fragte Staines erstaunt.

»Vor dreißig Jahren war diese Treppe eine Art steinerne Feuerleiter. Die Mönche von St. Anna hatten sie bauen lassen, und ich wunderte mich schon, was der alte Derrick beim ersten großen Umbau damit angefangen haben mochte. Er hat sie also ganz einfach in eine Hauswand einbauen lassen.«

»Und wohin führte sie damals?«

»Auf den Hof, glaube ich. In allen Stockwerken gab es Türen. Der alte Derrick war, was Feuergefahr betrifft, halb wahnsinnig. Er hat sich sogar auf dem Dach einen Patentaufzug anbringen lassen, damit er sich im Fall eines Brandes von oben ohne Gefahr auf die Straße hinunterlassen könnte. Jedes Stockwerk hatte zu diesem Aufzug Zugang über einen Schacht.«

Zusammen mit einigen Polizisten erreichten sie endlich das unterste Geschoß und standen vor einer Tür, die ihrem vereinten Druck nachgab. Die Dunkelheit hinderte sie am Sehen. Staines ließ wieder seine Taschenlampe aufblitzen und leuchtete umher. Stahlregale verstellten die Wände, und jedes einzelne war mit liegenden Flaschen angefüllt. Dies also war der Weinkeller! Dick zog den Schlüssel, den ihm Larkin gegeben hatte, aus der Tasche und öffnete die schwere Stahltür. Von dem verschwundenen Mädchen war keine Spur mehr zu entdecken.

Sorgsam prüfte er den Keller. Auf dem Boden stand eine schwere Stahlkiste, die zur Hälfte mit Likörflaschen gefüllt war. Er versuchte, sie in die Höhe zu heben, aber sie war zu schwer.

»Helfen Sie mir, diese Kiste auf die Seite zu rücken!« bat er einen Polizisten.

Der Mann versuchte es. Im nächsten Augenblick lag er auf dem Rücken. Die Kiste hatte den vereinten Bemühungen der beiden nachgegeben und war einfach auf Scharnieren zur Seite gerückt. Dort, wo sie gestanden hatte, gähnte eine dunkle Öffnung, in die eine Metalleiter hinabführte.

Etwas Dunkles, das auf einer der Sprossen hing, erregte Dicks Aufmerksamkeit. Es war das Halstuch, das Mary Dane – oder ihre Doppelgängerin – vorhin getragen hatte. Er steckte es in seine Tasche und blickte sich um.

Die Leiter endete in einem dunklen Korridor. Etwa zwanzig Meter verlief er eben, dann begann er zu steigen und mündete in einen kleinen, ziegelummauerten Keller. Zur Rechten befand sich eine Tür. Staines stieß sie auf und trat über die Schwelle. Um ihn her rauschten Bäume. Das eintönige Rieseln der Regentropfen von den Blättern flößte eine gewisse Beruhigung ein. Vor ihm hob sich, dunkel und düster, der Schatten eines Gebäudes ab.

Über der Tür des scheunenartigen Ziegelbaus, den Dick soeben verlassen hatte, war, wie er im Schein der Taschenlampe bemerkte, der Wahlspruch eingemeißelt:

›Auf daß wir aufsteigen können, laßt uns hinabsteigen.‹

»Ein Motto der alten Mönche«, erklärte der Inspektor. »Ich erinnere mich, davon gehört zu haben, daß zwischen den beiden Häusern irgendeine Verbindung bestanden hat.«

Der alte Inspektor – es war Endred, von dem Bourke erst kürzlich gesprochen hatte – konnte Staines aber noch etwas Interessanteres mitteilen.

»Der alte Derrick hat das Haus, in dessen Garten wir uns jetzt befinden, sehr teuer bezahlen müssen. Keiner hat damals verstanden, warum der gewiegte Alte in diese Spekulation – für eine solche hielten es alle – eingestiegen war. Offenbar wußte er, daß dieser Gang existierte.«

»Warum aber«, fragte Staines, »legte er so großen Wert darauf? Er war doch kein Verbrecher. War das Haus, nachdem er es gekauft hatte, überhaupt je bewohnt?«

»Ja. Eine Dame wohnte hier. Sie starb vor zwölf Jahren. An ihren Namen erinnere ich mich nicht mehr.«

»Jung?«

»In mittleren Jahren, jedenfalls war sie hübsch. Ja, doch – Miss Belfer hieß sie, jetzt erinnere ich mich. Derrick wird Ihnen von ihr alles erzählen können, denn ihretwegen mußte er aus dem Haus.«

19

In sein Zimmer zurückgekehrt, untersuchte Staines das Halstuch, das er auf der Leiter gefunden hatte. Es war dunkelblau. Vor allen Dingen mußte er sich mit Walter Derrick in Verbindung setzen.

In Keyley wußte man nichts von ihm, kannte auch seine schottische Adresse nicht. Der Diener nannte jedoch eine Reihe von Hotels, in denen Derrick auf seinen Reisen in Schottland zu übernachten pflegte. Ein Beamter von Scotland Yard brachte die halbe Nacht damit zu, Derrick in einem der genannten Hotels zu suchen.

Am nächsten Morgen rief Derrick selbst von Stamford aus an, um sich nach Neuigkeiten zu erkundigen. Staines erwähnte die Ereignisse der letzten Nacht.

»Haben Sie das Mädchen erwischt?« unterbrach ihn Derrick. »Und den Maskierten? Ein brutaler Mensch – ich möchte nur wissen, was da eigentlich gespielt wird. Ahnen Sie es?«

»Nein, so wenig wie Sie! Kennen Sie eine Miss Belfer?«

»Nein, wer soll das sein?«

Staines war einen Moment sprachlos. Dann rief er zweifelnd: »Wissen Sie denn nicht, daß Miss Belfer eine Freundin Ihres verstorbenen Vaters gewesen ist?«

Es dauerte lange, bis Derricks Antwort kam.

»Unter diesem Namen ist sie mir jedenfalls nicht bekannt.«

»Sie wohnte in Ihrem Haus, in dem alten, rückseitigen Gebäude, das nicht mehr bewohnt ist –«, wollte ihm Staines auf die Sprünge helfen.

»Ach ja, jetzt erinnere ich mich.« Aber Derrick schien nicht gewillt, das Thema weiter auszuspinnen. Entweder wollte oder konnte er darüber nichts aussagen. »Geheimgänge, sagten Sie? Endlich einmal etwas Interessantes für Sie, Mr. Staines!«

»Ganz und gar nicht«, widersprach Dick. »Das Vorhandensein der Gänge ist gar nicht so verwunderlich, wenn man berücksichtigt, daß der Orden, der früher die Grundstücke bewohnte, im Jahre 1845 von der Baupolizei die Genehmigung erhielt, die Gänge anzulegen. Die Sache war also durchaus bekannt, scheint aber vergessen worden zu sein. Auch die Geheimtreppe ist nichts Besonderes, sie ist in den alten Plänen noch eingezeichnet. Ihr Vater übernahm sie beim Umbau und wandelte sie für seine Zwecke um, indem er einen Notausgang bei Feuergefahr daraus machte.«

Staines hatte einen Beamten beauftragt, in Somerset House die Zivilregister nachzuschlagen, um etwas über jene Miss Belfer ausfindig zu machen. Der Mann kam mit einer wichtigen Neuigkeit zurück: Er hatte die Heiratseintragung einer Miss Martha Ann Belfer mit dem alten Derrick gefunden! Alle Romantik des Viktorianischen Zeitalters schien bei dieser heimlichen Eheschließung Pate gestanden zu haben. Der Neuvermählte hatte offenbar darauf bestanden, der Welt nichts von seiner Verehelichung mitzuteilen, und mit der Dame eine Ehe im Verborgenen geführt. Die Ehegatten hatten jeder für sich in einem besonderen Haus gewohnt und diese ungewöhnlichen Wohnverhältnisse dreizehn Jahre aufrechterhalten. Dick, aufs höchste überrascht, versuchte nochmals, Derrick zu erreichen, der jedoch das Hotel, aus dem er am Morgen angerufen, bereits verlassen hatte. Zwei Stunden später hielt der gelbe Rolls-Royce vor der Haustür.

»Die Bande scheint mein Haus nach Belieben als Tummelplatz zu benützen«, beklagte er sich. »Ich hätte große Lust, den Spaß auch ein wenig aus der Nähe zu genießen. Ich muß ja doch für die Spesen der Unterhaltung aufkommen!« Er kicherte. »Haben Sie neue Nachrichten vom Kriegsschauplatz? Hat sich das Gespenst wieder sehen lassen? Und die schöne Unbekannte? Der Maskierte? Verdammt noch mal, wenn die ganze Sache nicht interessanter ist als ein Schauerroman!«

»Die erwähnte Miss Belfer habe ich ausfindig gemacht«, bemerkte Staines kurz.

»Wer ist sie eigentlich?«

»Sie war die Dame, wegen der Sie sich mit Ihrem Vater überworfen haben, Mr. Derrick – seine zweite Frau.«

»Er hat sie geheiratet? Hatte das Paar Kinder?« fragte der beunruhigte Erbe mit aufgerissenen Augen.

»Nein, keine.«

»Miss Belfer? Warten Sie mal! Nannte sie sich so? Ich kannte sie nur unter dem Namen Miss ... Ja – Constable. Merkwürdig! Er soll sie geheiratet haben? Haben Sie dafür – Beweise?«

Staines hatte sie und zeigte dem sichtlich Bestürzten die Abschriften der im Somerset House beurkundeten Eintragungen. Derrick las alles aufmerksam durch.

»So – so! Der alte Genießer hat sie also geheiratet? Und keine Kinder?« Er atmete erleichtert auf. »Komisch! Gewiß, ich kannte das Verhältnis, glaubte aber immer, daß es eine gewöhnliche Freundschaft zwischen den beiden wäre. Ja, ich verkrachte mich deswegen mit dem alten Herrn – deshalb und wegen Geldfragen. Wissen Sie bestimmt, daß keine Kinder vorhanden sind?«

Der Inspektor mußte lachen – die ganze Aufregung, diese nicht zu beschwichtigenden Befürchtungen Derricks wirkten komisch.

»Soweit ich unterrichtet bin, sind keine Kinder da«, beruhigte er ihn. »Jedenfalls ist nichts dergleichen im Register eingetragen. Wir haben einen alten Polizeiinspektor, der Ihren Vater kannte und ...«

»Wie heißt er? – Ach, ja, ich entsinne mich des Namens. Er glaubt auch, daß keine Kinder da sind? Ja? Nun, ein Geheimnis nach dem andern ... Wie war das eigentlich heute nacht? Die Einbrecherin ist Ihnen entwischt, nicht wahr?«

Staines zuckte die Achseln.

»Sie entkam über die Geheimtreppe.«

»Ich bin extra gekommen, um mir dieses Labyrinth von Gängen und Treppen einmal anzusehen. Natürlich werde ich nun kaum mehr hier wohnen. Wo mag sich Tommy Weald, dieser Idiot, jetzt herumtreiben? Er soll, wie man mir erzählt, wie wahnsinnig hinter jener Krankenschwester her sein. So ein Esel!« Derrick starrte den Inspektor an und fuhr, fast im gleichen Ton, ohne die geringste Veränderung in der Stimme, fort: »Ja, ich nannte sie Miss Constable – ja, Constable ... Das war der Name, unter dem ich sie kannte. Ich verreise nun wirklich, und der Teufel soll das Gold holen, das vielleicht drüben vergraben liegt. Gold da drüben? Daß ich nicht lache! Das einzige Gold, das vorhanden ist, klebt an den Bilderrahmen.«

»Sie waren doch längere Zeit in Südafrika, nicht wahr, Mr. Derrick? Kannten Sie dort drüben eine Miss de Villiers?«

Nachdenklich runzelte der Gefragte die Stirn.

»Nicht, daß ich wüßte. Es gibt dort eine Menge Leute dieses Namens. Ich war ja auch nicht lange in der Kapkolonie. Meist hielt ich mich in Tanganjika auf ... Haben Sie noch mehr Daumenabdrücke gefunden?«

»Nein. Ich glaube auch nicht, daß wir noch welche finden werden. Jedenfalls kümmern wir uns nicht mehr darum. Bourke und ich stimmen überein, daß sie künstlich – mit Hilfe eines Gummistempels – hervorgebracht worden sind.«

»Eines Gummistempels?« Derrick atmete heftig. »Verdammt noch mal, wie schlau! Ob der Stempel aus meines Vaters Sammlung stammt? Eben ist mir dieser Gedanke gekommen.«

»Hat man auch in Keyley versucht, bei Ihnen einzubrechen?« fragte Staines.

»Nein, nie. Das ist es ja – sobald ich das verdammte Haus nebenan verlasse, belästigt mich kein Mensch und kein Geist mehr!«

Die beiden besichtigten nun die Geheimtreppe. Der Hausherr schien enttäuscht zu sein.

»Ich dachte, wer weiß was zu finden!« meinte er. »Sie werden doch den Garten bewachen und den Tunnel zumauern lassen, nicht wahr?«

»Gewiß. Aber es wird überflüssig sein, denn die Besucherin wird den Weg kaum mehr benützen wollen. – Hallo?« Der Inspektor drehte sich rasch um. »Wo kommst denn du her, Tommy?« wandte er sich an den Freund, der plötzlich neben ihm aufgetaucht war.

»Ich hab' nicht viel Zeit«, sagte, eilig wie gewöhnlich, der Lord. »Guten Tag, Derrick! Haben wir wieder Besuch gehabt, was?«

»Wie geht es denn der Braut?« fragte Derrick anzüglich.

Tommy errötete.

»Danke, gut. Miss Dane – hm – ist wohlauf. Danke für die freundliche Nachfrage.« Er hüstelte verlegen. »Woher wissen Sie denn von meiner Verlobung?«

»Ich habe es in der Zeitung gelesen.«

Staines warf dem Lord einen wütenden Blick zu.

»Du hast es wohl einrücken lassen?«

»Natürlich«, antwortete Tommy trotzig. »Warum sollte ich es nicht tun? Mary war damit einverstanden. Mir lag viel daran, und meine Tanten freuen sich darüber wie die Kinder.«

»Ihr seid euch also einig geworden?«

»Ja, wir heiraten am vierten September. Unsere Flitterwochen werden wir in Bellagio verleben. Die Hochzeit findet im engsten Kreis statt. Du sollst Brautführer sein, Dick!«

Stand die Welt auf dem Kopf? Sein bester Freund heiratete ihm das Mädchen weg, das ihm, Dick, eine Liebeserklärung gemacht und sie bei hellichtem Tag bestätigt hatte! War er verrückt geworden? Waren es die andern? Oder – sollte es noch eine andere Lösung geben?

»Hol's der Teufel!« gab er laut seinen Gedanken Ausdruck.

»Wen oder was denn?« erkundigte sich der Lord höflich.

20

Endlich war Dick mit sich und seinen Gedanken allein. Doch, keine Stunde war vergangen, da platzte Tommy Weald nochmals bei ihm herein. Hastig stürzte er in Dicks Zimmer.

»Komm, mein Junge! Wir fahren nach Eastbourne – ja, die ganze Krankenkolonne ist jetzt dort! So nach und nach lerne ich alle englischen Seebäder kennen . . .«

Tommy hatte sich den Verhältnissen, unter denen seine Braut vorläufig noch lebte, angepaßt wie ein Fisch dem Wasser.

»Wie lange brauchen wir nach Eastbourne?«

»Wenn der Chauffeur fährt, ein paar Stunden. Mit mir am Steuer eine und eine halbe.« Als Tommy sah, daß Dick zögerte, fügte er wie zum Anreiz hinzu: »Sie erkundigte sich gestern abend nach dir, lobte dich und sagte, sie habe dich sehr gern.«

»Danke –.«

»Du brauchst gar nicht so ironisch zu danken«, verwahrte sich Tommy. »Ich teile dir nur Bemerkungen mit, die wirklich gefallen sind. Dick, du mußt entschuldigen, daß ich dich bei ihr ausstach, aber . . .«

»Davon kann keine Rede sein«, wehrte Staines heftig ab. »Der Teufel soll dich holen, Tommy! Bitte, lassen wir dieses Thema und auch deine Braut aus unseren Gesprächen heraus!«

»Sei doch nicht so lächerlich!« beklagte sich der Lord.

Dick mußte ihm im stillen recht geben. Er benahm sich in seiner Eifersucht nachgerade wirklich kindisch. Er rief Bourke an, um ihm mitzuteilen, daß er beabsichtige, die kommende Nacht in Eastbourne zu verbringen.

»Daran tun Sie gut, Staines«, stimmte der Chef zu. »Was zieht Sie denn hin?«

»Weald!« war Dicks lakonischer Bescheid, woraufhin Bourke lachte.

Der Chauffeur steuerte, was den Inspektor einesteils beruhigte, ihn aber anderenteils wehrlos dem Wortschwall des Lords auslieferte. Schließlich wurde ihm die Familiensimpelei des Freundes zu bunt.

»Komm, unterhalten wir uns ein wenig über Windhundrennen!«

»Davon verstehst du mehr als ich«, gab Tommy beleidigt zurück.

Sie hielten in Lewes, um Tee zu trinken. Als sie vor dem alten Hotel der Stadt vorfuhren, sahen sie den auffälligen gelben Wagen Derricks vor dem Portal stehen.

»Ach, Derrick ist hier.« Tommy zeigte auf das Auto. »Ein komischer Kauz, Dick! Weißt du, was er mich fragte, als wir heute mittag zusammen mein Haus verließen? Ob ich ihm nicht meine Bilder verkaufen würde. Was sagst du zu so einem Einfall?«

»Was für Bilder?«

»Na, die im Speisezimmer am Lowndes Square. Hast du denn kein Kunstverständnis mehr?«

Staines erinnerte sich, daß er dort vier große Bilder hatte hängen sehen. Es waren aber Landschaften, und dafür hatte er kein allzu großes Interesse.

»Vier der besten ›Constables‹«, sagte Tommy.

»Wie? Constables? Das wußte ich nicht. Stehen Namen auf den Rahmen?«

»Natürlich. Du müßtest doch wissen, daß auf den Rahmen derartiger Bilder immer ein kleines Metallplättchen zu finden ist, auf dem der Name des Künstlers und die Bezeichnung der Landschaft vermerkt sind. Bei meinen steht groß und breit ›Constable‹ drauf.«

»So, so!« Dick war sehr nachdenklich geworden. »Das Wort Constable, wie?« War es nur Zufall gewesen, daß Derrick der angebliche Name der Frau seines Vaters eingefallen war? Miss Constable? Dick erinnerte sich, wie der andere, ehe er sich des Namens zu entsinnen vorgab, im Zimmer Umschau gehalten hatte. »Merkwürdig!«

»Was?« erkundigte sich der neugierige Lord sofort. »Die Bilder?«

Dick antwortete nicht, sondern schob den Freund ins Lokal. Der Raum war voll von Gästen, aber von Derrick war keine Spur zu entdecken. Um sich zu vergewissern, ob er wirklich schon weg war, kehrte Dick um und sah sich vor dem Haus nach dem gelben Auto um. Es war verschwunden.

Der Wächter wußte Bescheid:

»Der Herr ist nach Brighton weitergefahren.«

»Ich bin auf Derrick böse«, sagte Tommy bei Tisch.

»Warum nur?«

»Weil er beinahe die künftige Lady Weald überfahren hätte. Du weißt doch noch, an jenem Mittag in Brighton. Schon der Gedanke daran ist mir schrecklich.«

»Wann, sagtest du, wollt ihr heiraten?« fragte Dick, um das Gespräch aufrechtzuerhalten.

»Du bist aber vergeßlich! Am vierten, v-i-e-r-t-e-n September«, buchstabierte entrüstet der Lord.

»Weiß deine Braut, daß ich komme? – Nein, ich meine nicht zur Hochzeit, du Idiot, sondern heute!«

»Nein. Ich habe sie heute noch nicht gesprochen. Der alte Cornfort ist seit vier Uhr früh munter, und da mußte sie bei ihm bleiben. Was wird der arme Kerl bloß anfangen, wenn sie nicht mehr bei ihm sein kann?«

»Quatsch! Sie ist doch nicht die einzige Krankenpflegerin in England«, entgegnete Dick brutal.

Mary und ihr Patient waren nicht im Hotel, als die beiden Freunde eintrafen. Sie fanden die Gesuchten jedoch bald darauf am Strand. Die Begrüßung war kühl.

Staines' Blicke richteten sich vor allem auf Miss Danes Kehle, um dort Spuren der vergangenen Nacht zu finden. Er suchte vergeblich. Obwohl sie eine ausgeschnittene Bluse trug und der ganze Hals zu sehen war, präsentierte sich die Haut in schneeiger Weiße. Also war sie es nicht gewesen, die von dem Maskierten angegriffen worden war? Er fand, daß das Mädchen müde und krank aussah. Er machte sich Sorgen, obschon er sich sagen mußte, daß er dazu eigentlich kein Recht mehr hatte.

»Sind Sie auf Urlaub oder dienstlich hier?« erkundigte sie sich.

»Auf Urlaub, das heißt, auf beinah dienstlichem Urlaub.«

»Mr. Cornfort wird bald nach Hause zurückgebracht – dann könnten Sie mich irgendwohin zum Tee führen.«

Dick warf Tommy einen Blick zu.

»Nein, er braucht nicht mitzukommen –«, beantwortete sie die stumme Frage.

»Nanu?«

Der Lord war unangenehm überrascht. Aber es schien Dick, als mangle es seinem Protest an Überzeugung. Später, als er mit Tommy allein war, erklärte ihm dieser den Grund für seinen schwachen Widerstand.

»Weißt du, sie ist ja wirklich lieb – aber bei Tag ist sie nicht zu genießen! Ich versuchte heute morgen, ihre Hand zu ergreifen, und da fragte sie mich, ob ich Schutz bei ihr suchen wolle. Natürlich ...«

»Eine merkwürdige Braut!« wunderte sich Dick.

»Das brauchst du gar nicht so sarkastisch zu sagen«, wies ihn der verliebte Bräutigam zurecht.

Für Staines war Tommys Liebesaffäre kein sehr interessanter Gesprächsstoff, und er beeilte sich, Weald loszuwerden. Gegen fünf Uhr traf er sich mit Mary.

»Herzlich willkommen in Eastbourne«, begrüßte sie den Inspektor spöttisch. »Zeigen Sie nun einmal, daß auch ein höherer

Polizeibeamter sich zu benehmen versteht, wenn er nicht im Dienst ist! Haben Sie meine Doppelgängerin gesehen?«

»Gehört das Ihnen?«

Er gab ihr den Schal, den die Einbrecherin gestern nacht in Derricks Haus verloren hatte.

»Ja, ich habe einen ähnlichen – ich kaufte mir einen, als ich das letztemal in London war.«

»Gehört er Ihnen?« bestand er energisch auf seiner Frage.

Ohne die geringste Verwirrung öffnete sie ihr Handtäschchen und entnahm ihm einen genau gleich aussehenden Schal.

»War meine Doppelgängerin wieder am Werk?« Sie lachte. »Nicht nur ich – auch mein Schal hat einen Doppelgänger!«

Staines nahm den ersten Schal und wollte ihn wieder in seine Tasche stecken.

»Bitte, Mr. Staines, geben Sie mir das Tuch – oder bedeutet es für Sie ein wichtiges ›Corpus delicti‹?«

»Nehmen Sie es meinetwegen in Ihre Sammlung auf!« Er schob ihr den Schal zu. »Erinnern Sie sich noch Lordy Browns?« wechselte er dann das Thema.

Sie nickte ernst.

»Sie meinen den Mann, der in Derricks Haus erschossen wurde? Und der mich an jenem Abend auf dem Bloomsbury Square ansprach, weil er mich mit einer anderen verwechselte? Armer Kerl!«

»Er tut Ihnen leid?«

»Natürlich. Ihnen nicht? Seine arme Frau . . .«

»Was wissen Sie von seiner Frau?« rief er erstaunt.

»Ich wüßte im Augenblick wirklich keine Ausrede, Mr. Staines – also muß ich Sie bitten, mich von der Beantwortung Ihrer Frage zu entbinden. Ich weiß, daß er verheiratet war, und daß seine Frau nicht den Himmel auf Erden gehabt hat. Ich glaube, Brown hatte zwei oder drei Kinder.«

»Sie kannten ihn also doch?«

»Ja – das heißt, ich habe mich mit ihm ein wenig unterhalten.«

»Und wann war das?«

»Nun gleiten Sie wieder ins Berufliche zurück, Mr. Staines«, meinte sie lachend. »Offenbar fällt es Ihnen doch sehr schwer, mit Menschen zu verkehren, ohne daß sich Ihr kriminalistischer Instinkt regt. Um auf Ihre Frage zurückzukommen – es war nach jenem Abend auf dem Bloomsbury Square, als ich mit ihm sprach. Sind Sie nun zufrieden?«

»Warum sagten Sie mir das nicht schon früher?«

»Weil Sie mich nicht danach fragten. Woher sollte ich ahnen, daß Sie sich so stark für Lordy Brown interessierten? Nein, ich will nicht noch mehr schwindeln – ich wußte natürlich, daß Sie ihn für einen wichtigen Zeugen hielten. Warum ich es Ihnen nicht sagte? Weil mich Ihre Fragen in Verlegenheit gebracht hätten.«

»Was sind Sie doch für ein merkwürdiges Wesen!«

»Ja, das ist auch meine Meinung.« Sie seufzte. »Außerdem halte ich mich für eine große – Pleite.«

»Für eine Pleite? Was soll das nun wieder heißen?«

»Alles schlägt mir fehl. Ich war eben zu selbstbewußt.«

»Wenn Sie das wissen«, antwortete er bitter, »dann verstehe ich nicht, warum Sie sich Tommy als Bräutigam ausgesucht haben. Er ist jedenfalls der ungeeignetste Mann, um Sie davon zu kurieren.«

Sie blickte ihn vorwurfsvoll an.

»Für das, was Sie eben sagten, hätten Sie eine Strafe verdient. Der arme Tommy!«

»Ich kann es mir wirklich nicht erklären, Mary, warum du ausgerechnet Weald heiraten willst.«

Unbewußt war er wieder zum ›Du‹ übergegangen.

»Nennen Sie ihn ruhig Tommy«, sagte sie. »Es paßt besser zu ihm. Früher bildete ich mir immer ein, daß Lords rote Gesichter und Fäuste wie Hammelkeulen hätten. Warum ich ihn heirate? Wer hat gesagt, daß ich ihn heiraten will?«

»Mein Gott!« klagte er. »Bin ich denn ganz verrückt geworden? Es stand doch in allen Zeitungen. Warum weichen Sie mir aus?«

»Sollen wir uns schon wieder zanken? Bleiben Sie ruhig bei Ihrer Meinung, daß ich eine herzlose Kokotte bin, die weiter nichts im Sinn hat, als Ihnen wertvolle Geheimnisse zu entlokken! Ach ja, Tommy erzählte mir übrigens, Sie hätten irgend etwas in einer alten Kiste ...«

»Ich war ein Esel, Tommy überhaupt etwas zu erzählen!« rief er zornig aus.

»Nein, im Ernst, haben Sie etwas Sensationelles gefunden oder herausbekommen?«

»Nein, durchaus nicht. Nichts Wichtiges. Weiter nichts als eine alte Vakuumpumpe. Wir nannten es als Kinder ›Sauger‹. Man kann damit Gegenstände ansaugen, die eine glatte Oberfläche haben.«

Sie starrte ihn an, als habe er ihr einen Schlag versetzt.

»Sind Sie krank, Miss Dane?« fragte er erschrocken.

Sie hatte für einen Augenblick die Selbstbeherrschung verloren, riß sich aber mit Gewalt zusammen.

»Krank? Nein. Mir ist nur eingefallen, daß ich vergaß, Mr. Cornfort die Medizin zu geben.«

»Nein, es war etwas anderes. Was war es? Mr. Cornfort nimmt gar keine Medizin ein – Sie haben mir das selbst einmal gesagt.«

»Wie sah die Pumpe aus? Beschreiben Sie sie mir, bitte! Ja, die Sache interessiert mich. Warum sollte ich das nicht zugeben?«

Er schilderte ihr kurz das Instrument, nicht ohne ein paar wenig schmeichelhafte Randbemerkungen über den schwatzhaften Tommy einzuflechten. Sie hörte schweigend zu und schien angestrengt über etwas nachzudenken.

»Wissen Sie noch mehr über den Apparat?« fragte sie plötzlich.

Trotz seines stillen Ärgers mußte er lachen.

»Ich kann Ihnen alles so genau beschreiben, daß Sie selbst eine solche Pumpe anfertigen könnten. Nein, sie unterscheidet sich von anderen dieser Art, denn in ihrer Mitte ist eine nadelähnliche Vorrichtung angebracht, die wir erst entdeckten, als wir sie uns noch einmal genauer betrachteten. Im Handgriff befindet sich eine kleine Schraube. Die Nadel reicht über den Sauger hinaus. Mein Chef ist der Meinung, daß das Instrument dazu diene, einen kreisrunden Gegenstand anzusaugen, und daß die Nadel nur vorhanden sei, um den Mittelpunkt dieses Gegenstandes genau zu bestimmen. Weiter weiß ich Ihnen nichts zu sagen, und ich bin sogar der Meinung, ich hätte Ihnen schon zuviel verraten.«

Sie blickte ihn fragend an.

»Könnten Sie bis morgen abend hierbleiben?«

Nein, er müsse spätestens morgen früh weg, sogar noch vorher, falls in Derricks Haus wieder der Teufel los wäre. Er habe, so teilte er ihr mit, zwei Wächter zurückgelassen, ohne den Besitzer des Hauses auch nur darüber zu unterrichten.

»Ich glaube nicht«, erwiderte sie, »daß bei Derrick wieder etwas los sein wird.«

»Würden Sie für das, was Sie eben behaupteten, die Garantie übernehmen?« fragte er gespannt.

»Wie kann ich für meine Doppelgängerin die Verantwortung übernehmen? Tommy erzählte mir, Sie hätten in Derricks Haus den Daumenabdruck des Mörders von Slough gefunden. Stimmt das?«

»Was wissen Sie von jener Mordtat?«

»Wenig. Ich weiß nur, daß der Mörder ein naturalisierter Russe namens Hermann Lavinsky war ... Dort kommt Tommy! Er sieht aus wie ein Frühlingsmorgen. Ich hatte ihn nämlich gebeten, mich abzuholen.«

»Nicht so schnell, Miss Dane! Wie hieß der Mörder?«

»Hermann Lavinsky!«

»Woher wissen Sie das?«

Sie blickte ihn lächelnd an.

»Von meiner Doppelgängerin!«

Wenige Minuten, nachdem Tommy Weald sich Miss Danes angenommen hatte, war Inspektor Staines bereits mit dem Kriminalregister Scotland Yards verbunden und hatte angeordnet, daß die Kartei nach dem Namen Hermann Lavinsky durchsucht würde.

»Nein«, antwortete der Chef der Abteilung, »wir haben ihn nicht in der Kartei. Nur die Liste für nichtbritische Verbrecher führt ihn auf. Wir wurden seinerzeit von Rußland gewarnt, daß er hier auftauchen werde.«

»Lesen Sie mir seine Beschreibung vor – sind Abdrücke von ihm da?«

»Nein, Sir. Aber vielleicht gibt es sie woanders. Ich werde nach Paris kabeln und mich dort erkundigen.«

Aus der Beschreibung, die der Registerchef vorgelesen hatte, ging eine Tatsache unzweifelhaft hervor: Das Äußere des Mörders von Slough, seit zehn Jahren aktenmäßig niedergelegt, stimmte mit der Beschreibung Lavinskys überein.

Mary Dane hatte ihn, Dick, also nicht hinters Licht geführt.

21

Staines fand nach einigem Suchen die kleine Gruppe am Strand. Tommy schwatzte mit Mary. Mr. Cornfort schlummerte, und der alte Mann, der gewöhnlich den Rollstuhl schob, saß auf einer Bank und rauchte eine Stummelpfeife.

Dick zeigte auf ihn und fragte Miss Dane:

»Wie heißt er eigentlich?«

»Meinen Sie meinen Krankenstuhlfahrer? Er heißt Henry.«

»Spricht er überhaupt nie?«

»Doch, er verlangt immer pünktlich sein Essen.« Sie wurde ernst. »Mr. Staines, wollen Sie sich bitte Tommy endlich einmal vornehmen? Er wird – ausfällig.«

Tommy war sichtlich schlechter Laune. Er saß wie ein ungezogener Junge mit gekreuzten Beinen da und warf kleine Kiesel in die Brandung.

»Ich glaube nicht, Mary, daß wir uns über die Sache noch zu unterhalten brauchen«, sagte er, beleidigt vor sich hinstarrend. »Wir haben sie doch schon genügend breitgetreten, und auch das große Publikum ist von allem unterrichtet. Du hattest mich selbst um die Veröffentlichung gebeten.« Er erhob sich. »Ich fahre nach London zurück!«

Mary zog den Smaragdring vom Finger und warf ihn dem unglücklichen Bräutigam vor die Füße.

»Da – nehmen Sie das Ding mit nach London!« erklärte sie stirnrunzelnd.

Der Lord schreckte zurück.

»Sei doch nicht so empfindlich«, lenkte er ein. »Hier, steck ihn wieder an!« bat er und beugte sich über ihre Hand. »Habe ich nicht gleich gesagt, daß dir der Ring nicht paßt? Er ist viel zu groß – morgen werde ich ihn enger machen lassen. Ich sause jetzt in mein Hotel. Kommst du mit zum Essen?« fragte er seine Braut.

»Nein. Ich esse mit Mr. Staines.«

»Hm.« Tommy räusperte sich. »Na, meinetwegen!« gab er sofort nach und verschwand eilig.

Mary Dane und der Inspektor unterhielten sich – irgendwie war die Sprache darauf gekommen – über Derrick.

»Können Sie den Mann gut leiden?« wollte sie wissen.

»Eigentlich ja. Sie nicht?«

»Ich habe ein gewisses Vorurteil zu überwinden, denn ich habe immer noch nicht vergessen, daß er mich beinahe überfahren hätte.«

»Damals machten Sie aber nicht den Eindruck, als hätte der Vorfall Sie beunruhigt.«

»Das war nur Bluff«, gestand sie. »Doch, ich hatte Angst, viel mehr als an jenem Abend, als Lordy Brown mich für seine Erbfeindin de Villiers hielt. Haben Sie sich über Lavinsky erkundigt? Ja? Nun, gibt es ein Individuum dieses Namens?«

»Ja.«

»Sie wundern sich wohl?« fragte sie.

»Nein, das Wundern habe ich mir inzwischen abgewöhnt.«

Sie lachte.

»Sagen Sie, Mr. Staines, was halten Sie wirklich davon, daß ich Tommy heiraten soll?«

»Es ist entsetzlich! Tommy ist zwar ein netter Mensch, aber ...«

»Warum entsetzlich?«

»Weil ... Weil ich Sie selbst liebe!« brach es aus ihm hervor. Er blickte in ihre aufleuchtenden Augen.

»Wurden Sie sich Ihres Gefühls erst bewußt, als – wir uns im

Victoriabahnhof trennten?« fragte sie leise. »Hat mein damaliges Geständnis bei Ihnen erst die Liebe geweckt?«

Er schüttelte energisch den Kopf.

»Ich glaube, meine Liebe erwachte schon, als ich Sie in Brighton zum erstenmal sah. Bewußt wurde sie mir aber erst in jener Nacht im Haus am Lowndes Square. Im Grunde müßte ich voller Mißtrauen gegen Sie sein. Ich kenne Ihre Augen, Ihre Hände, jede Ihrer Bewegungen – und ich weiß bestimmt, daß Sie es waren, die ich gestern nacht dem Maskierten entriß. Schon die ganze Zeit, seit ich hier bin, versuche ich, an Ihrem Hals die Spuren des brutalen Überfalls zu entdecken.«

»Nun, und haben Sie sie gefunden?« Plötzlich tat sie etwas Überraschendes. Sie feuchtete ihren Zeigefinger an und rieb damit über ihre Kehle, bis ein eiförmiges, blau und grün gefärbtes Mal zum Vorschein kam. »Hatten Sie so etwas an meiner Kehle gesucht?« fragte sie, auf das Mal zeigend.

Sekundenlang war er sprachlos.

»Sie waren es also doch?«

»Ja, ich war es.«

»Aber ... Mein Gott! Bin ich denn ganz verrückt? Tommy war doch gestern den ganzen Abend bei Ihnen?«

»Du bist wirklich ein Held, Dick Staines!« sagte sie mit sanftem Spott. »Jetzt, nachdem ich dir bewiesen habe, daß ich es war, die gestern abend erdrosselt werden sollte, willst du für mich noch ein Alibi fabrizieren!«

Er griff nach ihrer Hand.

»Ich möchte dich heiraten, Mary!«

»Wer weiß!« Sie erhob sich. »Kommen Sie, Mr. Staines – ich muß mich zum Abendessen umziehen.«

Nach einer halben Stunde traf er sie im Foyer bei der Lektüre der Abendzeitung.

»Seit wann lesen Sie die Börsenberichte?« fragte er, nach einem schnellen Blick auf die Rubrik, die sie eben studiert hatte.

»Ich interessierte mich schon in Afrika dafür. Ich habe einige Aktien von dort unten, und sie schaukeln ständig auf und ab. Gegenwärtig tun sie das letztere.«

»Ich ahnte gar nicht, daß Sie Vermögen haben. Warum, zum Teufel, spielen Sie dann hier Krankenschwester?«

»Ich mag den Beruf – ich arbeitete schon als junges Mädchen in einem Krankenhaus, aber Vater holte mich bald wieder ab.«

»Vater? Haben Sie denn einen?«

Er entschuldigte sich sofort, als er sich der Anzüglichkeit der Frage bewußt wurde.

»Natürlich habe ich einen, und zwar einen sehr klugen. Tommy sagt übrigens von Ihnen auch, Sie seien sehr klug, und ein höheres Lob gibt es bei ihm gar nicht.«

Es paßte ihm nicht, daß sie das Gespräch immer wieder auf den unglückseligen Lord brachte. Da ihm nichts anderes einfiel, um sie abzulenken, fragte er sie, was sie sich von ihm als Hochzeitsgeschenk wünsche. Sie schnitt ihm sofort das Wort ab.

»Hören Sie schon mit meiner Hochzeit auf!« bat sie. »Ich habe Ihnen schon einmal gesagt, daß ich Tommy nicht heiraten werde. Ich kann es gar nicht.«

»Aber ... Tommy müßte doch erfahren, was los ist!«

»Beruhigen Sie sich – niemand hat die Absicht, ihm einen Streich zu spielen. Sie sind sehr unhöflich, mir so etwas zuzutrauen. Die Zeiten der Wunder sind noch nicht vorüber. Ich werde schon alles zur rechten Zeit aufklären. Tommy wird sogar noch glücklicher sein, wenn er alles erfährt.«

Nach dem Abendessen verließ sie Dick. Etwas später am Abend, wenn der nächtliche Lärm der Menschen und der Musik etwas nachgelassen hatte, wollte sie mit Mr. Cornfort nochmals an den Strand kommen.

Dick vertrieb sich die Zeit bis zum Wiedersehen, indem er sich in der Nähe des Musikpavillons auf eine Bank setzte und die Passanten an sich vorüberziehen ließ. Dort traf ihn Tommy.

»Warum hast du ihr von der Vakuumpumpe erzählt?« überfiel ihn Dick streng.

»Ich? Ach so! Warum sollte ich es nicht tun?«

»Von wem hast du es erfahren?«

»Minns hat es mir erzählt. Er wird es wohl von Larkin haben. Und woher weiß der es? Von dir!«

Staines mußte über diese Argumentation, die seine eigene hätte sein können, lachen.

»Ja, sie ist ein Genie!« schwärmte der Lord und erzählte, Mary, oder eigentlich Jane – er schien sich selbst nicht im klaren zu sein, welchem Namen er den Vorzug geben sollte –, habe ihm einen Schlips in seinen Verbindungsfarben gestrickt.

Dick begann sich bald zu langweilen und machte sich bei der ersten sich bietenden Gelegenheit aus dem Staube, um Mary mit ihrem Pflegebefohlenen und dem alten Diener zu suchen. Es wurde ein schöner Abend für den verliebten Staines, allerdings mußte er sich damit begnügen, an Marys Seite dahinzuschlendern.

»Kommen Sie, Henry, wir wollen nach Haus«, sagte sie schließlich zum Rollstuhlführer.

Henry führte den Befehl aus, blieb aber nach dem Wenden auf der falschen Straßenseite. Den Heimkehrenden entgegen raste ein kleines, schwarzes Auto, das merkwürdigerweise ohne jede Beleuchtung fuhr. Der Fahrer des Wagens war bis zur Unkenntlichkeit hinter seiner Schutzbrille und einer Ledermütze verborgen.

Staines sah, wie das sich nähernde Auto die Fahrt verlangsamte und eine Hand sich herausstreckte. Im gleichen Augenblick sauste etwas durch die Luft. Dick erkannte sofort die Gefahr. Noch ehe er die anderen warnen konnte, hatte der unbestimmte Gegenstand das Wasser erreicht. Eine furchtbare Explosion folgte. Etwas pfiff an ihren Köpfen vorbei, und dann ertönte ein klirrendes Geräusch wie von splitterndem Glas. Ruckartig hatte sich der alte Rollstuhlführer aufgerichtet. Dick sah, wie er seine Hand erhob, und gleich darauf setzte ein Schnellfeuer ein. Beim Aufblitzen der Schüsse sah Staines, wie der flüchtende Wagen ziellos hin und her geschleudert wurde.

»Ich glaube, ich hab' ihn –«, sagte Henry vollkommen ruhig.

Ein berittener Polizist stürmte heran, Menschen blieben stehen, ein Schutzmann eilte herbei.

»Was ist hier los? Woher die Explosion?« fragte der Hüter der Ordnung in erregtem Ton.

»Jemand hat eine Bombe auf uns geworfen«, berichtete Staines.

»Ich habe doch auch schießen gehört«, sagte der Berittene. »Wo ist der Attentäter hin?«

Staines zeigte in die Richtung, in der der Wagen verschwunden war. Der Berittene galoppierte davon.

Dem zurückgebliebenen Schutzmann gab sich Staines zu erkennen.

»So etwas haben wir hier noch nicht erlebt!« rief der Mann. »Sind Sie auch sicher, Sir, daß es nicht bloß Raketen waren?«

»Sicher. Ganz in der Nähe muß ein Fenster in Scherben gegangen sein. Fragen Sie nach, ob jemand verletzt worden ist. Nein, nein – das war eine Eierhandgranate, nichts anderes . . .«

Mary hatte bisher kein Wort gesprochen, aber Dick bemerkte, daß ihr Gesicht totenblaß war.

»Ich danke Ihnen, Mr. Staines, daß Sie nichts von Henrys Schießwut erwähnt haben.«

Staines war über den alten Mann aufs höchste erstaunt – hier hatte es sich nicht um einen hysterischen Ausbruch der Angst gehandelt, sondern ein Mann hatte geschossen, der mit dem Revolver umzugehen verstand. Der Alte war ihm ein Rätsel.

»Ja«, gab Mary zu, »Henry ist so. Ich glaube, er war früher mal Soldat.«

»Seit wann schießen Soldaten auf Autofahrer? Hatten Sie Angst, Mary?«

»Nachdem alles vorüber war – ja. Im Augenblick – nein! Ich glaube, der Attentäter wird erfahren haben, daß ich Ihnen seinen Namen nannte.«

Der Inspektor blieb stehen.

»Wessen Name?«

»Hermann Lavinskys.«

»Wollen Sie damit sagen . . .«

»Bitte, bleiben Sie nicht stehen, sonst holt uns Tommy ein. Ich weiß, daß es Lavinsky war. Der Anschlag heute hat Ähnlichkeit mit seinem ersten Verbrechen. Damals warf er eine Bombe ins Schaufenster eines Juweliers. Als alles ausriß, plünderte er den Laden aus.«

»Sie sind recht gut über ihn unterrichtet.«

»Als ich Sie kennenlernte, begann ich mich natürlich für Verbrechen und Verbrecher zu interessieren.« Sie seufzte. »Der arme Henry ...«

»Warum arm?«

»Weil er heute nacht wieder nicht schlafen, sondern sich auf die Türschwelle setzen wird, um der Dinge zu harren, die er erwartet«, erwiderte sie hintergründig.

»Ihr seid alle zusammen eine merkwürdige Gesellschaft!« brummte Staines.

»Gehen Sie jetzt, Dick. Ich muß heim.« Und als er ihr zum Abschied die Hand reichen wollte, zog sie ihn zu sich heran und küßte ihn auf die Lippen. »Das ist die Belohnung, Dick, weil du Henry nicht verraten hast.«

22

Staines konnte vor Erregung die ganze Nacht kein Auge schließen, doch am Morgen war er so guter Laune, daß der neben ihm wohnende Gast sich wegen seines lauten Singens beschwerte.

Mary konnte er nur einen Augenblick lang sprechen, denn Bourke hatte ihn telefonisch gebeten, so schnell wie möglich nach London zurückzukommen. Tommy begleitete ihn zum Bahnhof.

»Endlich alles in Butter, Dicky!« jubelte der Lord. »Wir sind uns einig.«

»Wir? Einig? Wer denn?« wunderte sich Dick. »Hattet ihr euch denn gezankt?«

»Ach so, ich vergaß, daß du nicht dabei warst. Ich wollte, bevor sie mit ihrem alten Invaliden heimfuhr, einen – Kuß von ihr haben, was ja schließlich mein gutes Recht als Bräutigam ist. Sie sah mich so verwundert an, daß ich sprachlos war. Ohne ein Wort zu sagen, ging sie davon. Ich war unglücklich wie eine Wurst ohne Schale. Endlich kam sie wieder in den Garten. Ach, Dick, sie war großartig!«

»Was verstehst du unter großartig? Du hast sie geküßt?«

»Natürlich.«

»Na, meinetwegen.«

Auf dem ganzen Weg nach London versuchte Staines, Ordnung in seine Vermutungen über Miss Dane, die eine, und Miss Dane, die andere, zu bringen. Vermutungen? Nein, für ihn war es eine Gewißheit. Hatte Mary selbst ihm nicht gebeichtet, daß sie ihn belogen habe? Er erinnerte sich an die vielen merkwürdigen Handlungen, Begebenheiten, Ungereimtheiten ... Er war noch weit davon entfernt, all das Unverständliche zu einem sinnvollen Ganzen zusammensetzen zu können, aber daß es sich eines Tages ineinanderfügen ließe, davon war er überzeugt.

Bourke erwartete ihn im Büro und hatte ganze Aktenbündel vor sich.

»Wie sind Sie eigentlich auf Lavinsky gekommen, Staines?« begrüßte er seinen Inspektor.

»So, haben Sie es schon erfahren?« Dick lachte. »Ich hatte keine Ahnung von ihm, aber eine Bekannte bezeichnete ihn als den vermutlichen Mörder von Slough.«

»Woher wußte sie es denn? Na, lassen Sie nur, es ist ja auch gleichgültig. Die Hauptsache ist...« Bourke blätterte in den Akten und zeigte auf eine Fingerabdruckkarte mit deutschem Text. »›Verurteilt in München 1924, Lavinsky, alias Stain, alias Griedlovitz, alias Paul Stammen. Spricht gebrochen deutsch und russisch. Wahrscheinlich englischer Abstammung.‹ – Sehen Sie sich mal den Daumenabdruck näher an!«

»Ja, genau, er ist's«, bestätigte Staines. »Woher haben Sie die Karte?«

»Die deutsche Botschaft hat sie geliefert. Dort war sie deponiert, weil der Täter vermutlich englischer Abstammung ist. Auch die anderen Botschaften und Konsulate hatten eine Kopie davon bekommen. Ich denke, daß wir alle notwendigen weiteren Daten über den Mann zusammenbringen werden. Vielleicht kann ich sogar ein Bild von ihm ergattern. In Deutschland war er für die gleiche Straftat, wie er sie hier in England verübt hat, verurteilt worden. Er hatte einen Kassierer niedergeknallt und die Lohngelder geraubt. Ich glaube nicht, daß er in England ist.«

»Doch, ich ahne, daß er hier in London wohnt.«

»Wir werden durch die Presse versuchen, ihm auf die Spur zu kommen«, erwiderte der Chef. »Ich habe seine Beschreibung veröffentlichen lassen.« Er schob dem Inspektor die Abschrift der Fahndung zu. »Morgen werden wir wohl die Reporter hier haben, aber keiner darf etwas davon erfahren, daß wir Lavinsky wegen des Mordes von Slough suchen.«

23

Derrick trat gerade mit zwei Maurern, die die beschädigten Wände repariert hatten, aus dem Haus, als Staines dort vorfuhr.

»Ich lasse sämtliche Gänge zumauern«, teilte er dem Inspektor mit. »Wenn das nichts hilft, verkaufe ich den alten Kasten.«

»Und verlieren das vergrabene Vermögen!« warnte Staines. Derrick lachte.

»Ich habe Ihnen schon einmal gesagt, daß das Gold nur auf den Bilderrahmen klebt. Waren Sie verreist?«

»Ja. Ich dachte, Sie wären in Brighton, doch sah ich Ihren Wagen in Lewes stehen.«

»Doch, ich war auch in Brighton, aber das Hotel war so voll . . . Wo essen Sie heute abend?«

»Zu Hause – hier nebenan.«

»Ja, Sie haben recht, es ist beinahe Ihr ›Zuhause‹. Darf ich Sie einladen, bei mir zu essen, oder soll ich mich zu Ihnen einladen?«

Das letztere war Staines lieber, denn er sah, daß auch Derrick, sosehr er sich zu beherrschen suchte, von den Ereignissen nicht unberührt geblieben war. Hinter seinem Humor lauerte etwas wie Nervosität und Furcht. Beim Essen gestand er, daß er am meisten durch das ›Gespenst‹ beunruhigt worden sei.

»Warum überlassen Sie die Verfolgung des Gespenstes nicht mir?« fragte ihn Staines.

»Werde ich denn überhaupt noch gefragt? Als ich heute morgen hier eintraf, waren zwei Beamte drüben. Aber gehen Sie ruhig hinüber, wenn Sie etwas merken sollten. Ich sage Larkin Bescheid, daß er, bevor er weggeht, die Fenster offen und die

Beleuchtung auf der Treppe brennen lassen soll. – Wer ist Lavinsky?« Er zog eine Zeitung aus der Tasche. »Warum wird er gesucht?«

»Verschiedenes wird ihm zur Last gelegt. Mord ist auch dabei.«

Aufmerksam las Derrick die Fahndung durch.

»Von Mord wird hier aber nichts erwähnt«, sagte er dann. »Na, wahrscheinlich einer von euren Tricks, wie? Larkin meint übrigens, daß das Gespenst jede Nacht zwischen halb zwölf und zwölf erscheint. Also, nun wissen Sie Bescheid.«

Er wollte in Weybridge schlafen, wo ein herrlicher Golfplatz wäre. Bevor er abfuhr, verständigte er Larkin von seiner Abmachung mit dem Inspektor und verabschiedete sich dann mit ein paar Scherzen.

Dick war müde. Er nahm ein Buch und versuchte zu lesen, aber seine Gedanken schweiften ab. Immer wieder beschäftigten sie sich mit Mary und den Ereignissen der letzten Tage. Er blickte auf die Uhr. Es wurde Zeit, denn gegen zwölf pflegte ja der Geist Josua Derricks zu erscheinen. Im Augenblick, als Dick aufstehen wollte, läutete das Telefon.

»Sie werden von Margate verlangt«, meldete die Beamtin.

»Bist du es, Dick?« erklang Marys Stimme.

»Ja, Geliebte.«

»Du warst doch nicht etwa in Derricks Haus, wie? Versprich mir, daß du auch nicht hingehen wirst, Dick!« Ein Gewirr von Geräuschen war plötzlich in der Leitung und machte jedes weitere Wort unverständlich. Endlich war die Stimme wieder da: »Dick, hörst du mich noch? Liebling, bitte, geh nicht . . .«

Wieder war die Verbindung unterbrochen. Zornig rief er die Zentrale an.

»Mein Gespräch mit Margate ist unterbrochen worden. Stellen Sie die Verbindung sofort wieder her!«

»Mit welcher Nummer sprachen Sie, Sir? Sie wissen es nicht? Bitte, hängen Sie ab. Wir rufen wieder.«

Er wartete vergeblich, der Anruf kam nicht mehr. Warum wollte Mary nicht, daß er zu Derrick ging? Er wartete noch einige Minuten und eilte dann über den Balkon ins Nebenhaus. Geräuschlos trat er ins dunkle Treppenhaus. Warum brannten die Lichter nicht, wie Derrick es angeordnet hatte? Plötzlich befiel ihn ein Gefühl des Entsetzens. Meldete sich ein Urinstinkt in ihm, das Gefühl naher Lebensgefahr? Langsam tastete er sich vorwärts, bis seine unbeschuhten Füße ein Hindernis spürten. Es war ein Zwirnsfaden, den man quer über den Korridor gespannt hatte. Plötzlich hörte er rufen. Es war Minns, der ihm gefolgt war.

»Bitte, Mr. Staines, gehen Sie nicht weiter – die junge Dame sagte mir, daß irgendwo auf der Treppe Selbstschüsse gelegt sind.«

Staines kehrte um.

»Bringen Sie mir meine Lampe –«, befahl er vom Balkon aus, »sie steht neben meinem Bett.«

»Bitte, nehmen Sie sich um Gottes willen in acht, Sir!«

Warum war der Diener so entsetzt? Hatte er wirklich soviel Sympathie für ihn, den Gast seines Herrn?

Staines nahm die Lampe aus Minns' Hand und leuchtete den Gang ab. Ja – dort lag das Selbstschußgewehr, und zwar so geschickt versteckt, daß niemand, auch bei Licht nicht, es rechtzeitig hätte bemerken können. Er stieg über den ausgespannten Faden, der am Abzug befestigt war, hinweg, vorsichtig der Mündung der mörderischen Waffe ausweichend. Langsam ließ er den Abzug zurücksinken, bis jede Gefahr beseitigt war. Die Falle war altmodisch, hätte aber bestimmt ihren Zweck erfüllt.

»Miss Dane verlangt Sie am Apparat!« rief Minns ihm zu.

Staines ging in sein Zimmer zurück und nahm den Hörer auf.

»Bist du es, Dick? Oh, Liebling, warst du drüben? Gott sei Dank, daß dir nichts passiert ist! Hast du es gesehen?«

»Du meinst die Flinte? Ja.«

»Liebling, ich kam halb um vor Angst hier. Warum bist du hinübergegangen? Ich bat dich doch, es nicht zu tun?«

»Woher wußtest du, daß die Falle vorhanden war?«

»Ich dachte es mir. Nein, ich wußte es nicht. Jemand hatte mir etwas erzählt, und so kam ich auf den Gedanken. Versprich mir, daß du nicht wieder hinübergehen wirst.«

»Ja, wenn auch du nicht hinübergehst!«

Ein langes Schweigen.

»Drei Minuten sind um –«, brach die Stimme der Telefonistin das drückende Schweigen.

»Ja, ich verspreche es dir«, sagte Mary schnell. »Ich werde nur mit dir hinübergehen.«

24

Tommy Weald saß in seinem Hotelzimmer im Lehnstuhl und machte eine geistige Inventur. Viele mochten ihn nicht für besonders intelligent halten, aber gleichwohl war Tommy klüger als mancher andere. Er war nicht übermäßig reich, dazu war er zu sorglos mit seinem Geld umgegangen. Er hatte es aber fertiggebracht, das reduzierte Vermögen seines Vaters erheblich zu mehren. Es gelang ihm, der Börse das Geld, das sein Vater verspielt hatte, wieder abzunehmen. Vielleicht war es gerade sein harmloses Aussehen, das die Leute täuschte. Man hatte ihm Tips gegeben, aus Gutmütigkeit, weil man mit seiner geistigen Beschränktheit rechnete. Die Spekulationen hatten sich als glücklich erwiesen, und sein Vermögen war langsam gestiegen.

Er hatte einer seiner Erbtanten die Verlobung mitgeteilt und daraufhin ein Glückwunschschreiben erhalten, das mit der Bemerkung schloß:

›Es ist natürlich dringend notwendig, sich nach den Eltern Deiner Braut zu erkundigen. Viele junge Mädchen haben das beste Benehmen und sind demzufolge schwer von wirklichen Damen aus guter Familie zu unterscheiden.‹

Seine Antwort auf diesen Brief war alles andere als diplomatisch. Er heirate Mary, nicht ihre Familie, es mache ihm gar nichts aus, wenn ihr Vater sein Leben durch Lumpensammeln friste – und so weiter in diesem Ton. War er aber allein, dann wurde ihm beim Gedanken an die geheimnisvolle Vergangenheit seiner zukünftigen Gattin doch etwas unheimlich. Das Leben bestand ja nicht aus lauter Sonnenschein, wie er eine Zeitlang in der ersten Liebesfreude geglaubt hatte.

Tommy stand auf und ging im Zimmer auf und ab. Er wurde ungeduldig, und so kam es, daß er eine Viertelstunde zu früh vor dem Haus der Geliebten eintraf. Das Warten in dem langsam, aber ununterbrochen herabrieselnden Regen war nicht gerade angenehm. Den einzigen Zeitvertreib lieferte ein Betrunkener, der singend und gestikulierend die Gegend unsicher machte.

Endlich löste sich aus dem Dunkel des Gartens eine schattenhafte Gestalt und kam auf den Wartenden zu.

»Oh, mein armer Tommy«, flüsterte das Mädchen dem triefenden Bräutigam zu, »ich hatte keine Ahnung, daß es regnet. Wie rücksichtslos von mir! Ich hätte schon lange hier sein können, wenn ich mich ein wenig beeilt hätte.«

»Schadet nichts, Liebling«, tröstete sie der Lord. »Wenn ich hätte warten wollen, bis der Regen aufhört, hätte ich dich wahrscheinlich heute abend überhaupt nicht zu sehen bekommen.«

Sie hakte sich in seinen Arm ein. Eine Weile spazierten sie trotz des Regens im Garten hin und her, bis das Mädchen auf eine Schaukel aus Zeltleinwand zeigte, die ihnen als Regenschutz dienen konnte. Gemeinsam nahmen sie unter dem improvisierten Dach Platz. Tommy umarmte seine Braut. Lange saßen sie schweigend da. Auf einmal richtete sich Tommy auf.

»Jane, mein geliebtes Mädchen, ich habe dich etwas Wichtiges zu fragen.«

Sie seufzte.

»Vor deinen Fragen habe ich Angst.«

Aber er ließ sich nicht davon abbringen.

»Bist du in Dick Staines verliebt, Jane?«

Sie schien sich die Antwort zu überlegen.

»Ich kann ihn gut leiden – soweit ich ihn kenne, ist er wirklich ein netter Mensch.«

Er räusperte sich, ehe er die Frage stellte, von deren Beantwortung sein persönliches Glück abhing.

»In allem Ernst, Jane, bist du nicht in ihn verliebt? Ich will dich natürlich nicht beleidigen, aber er ist doch ein hübscher

Mann, und ich – ich bin dagegen ein Ekel! Du weißt, was ich sagen will! Ob du nicht vielleicht doch mit ihm glücklicher ...«

»Du sprichst Unsinn, Tommy!« tadelte sie ihn. Etwas wie Trotz klang aus ihrer Stimme. »Ich kenne niemand, den ich mehr als dich liebe. Glaubst du mir nun?«

»Was?« fragte er vorsichtig. »Daß du niemand kennst, den du mehr liebst?«

»Natürlich kenne ich niemand. Ich liebe dich! Warum, weiß ich nicht. Das weiß überhaupt kein Mädchen, warum es gerade den einen Mann liebt.«

Doch Tommy liebte keine ungeklärten Fragen. Er ging allem auf den Grund. Wie kam es, daß seine Braut ihm, Tommy, in Dick Staines' Gegenwart so steif gegenübertrat?

»Na, es wird schon stimmen, was du sagst«, räumte er endlich großmütig ein. »Ich hatte mir wirklich Sorgen gemacht, Liebling. Du und Dick, ihr scheint euch so gut zu verstehen, daß ich oft mehr als eifersüchtig wurde.«

Sie drückte zärtlich seinen Arm und sagte vorwurfsvoll:

»Dann hast du dich eben wie ein kleines Kind benommen.«

Das Haus stand an einer Straßenkreuzung und war rings von einem mit niedrigem Gebüsch eingefaßten Garten umgeben. Die beiden Verliebten konnten von ihrem Platz aus alle Umrisse erkennen, die sich gegen den Horizont abhoben.

Tommy hatte ein ausnehmend feines Gehör. Er war es, der die Gartentür leise sich öffnen und wieder schließen hörte.

»Wer kommt da?« fragte er.

Das Mädchen befreite sich aus seiner Umarmung und stand auf.

»Hörtest du etwas, Tommy?«

Bevor er darauf etwas antworten konnte, tauchte vor ihnen eine Männergestalt auf, die hinkend den Weg überquerte und gleich darauf im Gebüsch verschwand.

»Heiland –«, flüsterte der Lord erregt, »das war doch der alte Cornfort?«

Er kannte dieses hagere Gesicht, die wirren grauen Haare, die Adlernase ...

»Unsinn, Tommy«, gab sie unwirsch zurück, »Mr. Cornfort

schläft. Das war ein anderer Pensionär des Hauses, der da eben vorbeiging.«

»Du schwindelst, süße Jane. Wenn das nicht eben der weiland oder beinahe weiland Mr. Cornfort war, fresse ich einen Besen!«

Für einen Augenblick schien sie die Fassung zu verlieren.

»Vielleicht hast du auch richtig gesehen«, lenkte sie ein. »Warum soll er nachts nicht ein wenig bummeln gehen?«

Er merkte, daß ihre Stimme zitterte. Plötzlich riß sie sich von ihm los, lief über den Rasen und verschwand im Haus. Nach wenigen Minuten schon kam sie, in Begleitung des alten Henry, wieder heraus.

Der Rollstuhlführer war für den Lord schon immer ein rätselhafter Mensch gewesen. Stets hatte er ihn in Begleitung seiner Braut gesehen und war zu der Überzeugung gelangt, daß der Alte als lebendes Zubehör einfach in Kauf genommen werden müsse.

Miss Dane und Henry flüsterten aufgeregt miteinander, und Tommy glaubte sogar: ›Verdammt noch mal!‹ verstanden zu haben. Nun eilte der Rollstuhlführer auf die Straße hinaus, und Mary setzte sich wieder.

»Wir brauchen uns den Kopf nicht zu zerbrechen«, meinte sie. »Mr. Cornfort hat öfter mal derartige Anwandlungen von Energie. Ich bin nicht sehr erbaut von seinen Ausgängen, denn wie leicht kann er dabei einen Anfall bekommen und stürzen.«

»Was ihm natürlich nicht allzu gut bekommen würde«, bemerkte der Lord. »Der alte Cornfort! Stell dir nur einmal vor – den ganzen Tag läßt er sich im Rollstuhl herumkutschieren, um nachts zu Fuß Eskapaden zu unternehmen!«

»Das Gehen tut ihm unserer Meinung nach gut . . .«

Tommy schien es, als spannte sie ihre ganze Aufmerksamkeit an, um jeden Laut von der Straße her aufzufangen. In der Nähe hörte man den Lärm von Fehlzündungen, und Jane erschrak so, daß sie fast das Gleichgewicht verloren hätte.

»Horch, Tommy!« flüsterte sie. »Was war das?«

»Klingt wie ein Motorrad«, beruhigte er sie und legte den Arm um ihre Schultern. Sie zitterte wie Espenlaub.

»Ich bin so ein Angsthase –«, stammelte sie, »wenn ich nur den Mut aufbringen könnte...«

Der Knall eines Revolverschusses drang unmißverständlich an ihre Ohren.

»Oh, Tommy!« rief das Mädchen erschrocken. »Warum hat er es nur getan?«

Schritte waren zu hören. Sie kamen näher und näher.

»Lassen Sie mich los!« befahl eine ärgerliche Stimme.

Gleich darauf wurde die Gartentür aufgestoßen, und Mr. Cornfort wurde buchstäblich hereingeworfen. Dann kam Henry in den Garten und schloß die Tür sofort wieder.

»Was ist eigentlich hier los?« erkundigte sich der Lord näselnd.

Henry wandte sich der Stimme zu:

»Nichts, Mylord –«, antwortete er höflich. »Ist es nicht gefährlich, hier draußen zu sitzen, Miss?«

»Was ist passiert?« fragte das Mädchen leise.

»Jemand treibt sich hier herum. – Haben Sie, Mylord, als Sie kamen, jemand bemerkt?«

»Ja«, erwiderte Tommy, »ich sah einen Betrunkenen, der herumtorkelte und sang.«

Ein Polizist tauchte auf und blieb stehen, als er die Gesellschaft im Garten sah.

»Haben Sie nicht eben auch Schüsse gehört?« fragte er.

»Nein, Sir«, entgegnete Henry. »Es war ein Motorrad, dessen Fehlzündungen Sie wahrscheinlich für Schüsse hielten.«

Wie zur Bestätigung ertönte auch jetzt von ferne der Lärm der Explosionen. Das Motorrad schien sich rasch zu entfernen. Der Lärm wurde immer schwächer und verstummte endlich ganz.

»So, so, das war es also, was ich hörte«, sagte der Polizist erleichtert. »Seit der verdammten Bombenwerferei muß man hier ständig auf der Hut sein.«

Er patrouillierte weiter.

»Ich glaube, es ist besser, wenn Sie jetzt gehen, Mylord!« sagte Henry.

Vom Haus her rief jemand:

»Schnell – lassen Sie sich verbinden!«

Es war der alte Cornfort. Die Stimme war kräftig, gar nicht wie die eines todkranken Mannes.

»Sind Sie verwundet?« fragte Miss Dane beinahe weinend.

»Nein –«, antwortete Henry, »nur eine Kleinigkeit, kaum ein Ritz. Ich habe mich an einem Dornbusch verletzt.«

Er hielt krampfhaft seinen linken Unterarm fest.

»Du bist verwundet, mein Liebling!« rief das Mädchen bestürzt.

Liebling? wunderte sich Tommy. Seit wann sprach man einen Rollstuhlführer mit ›Liebling‹ an?

»Sie irren sich, Miss Dane«, sagte Henry fest. »Wollen Sie, Lord Weald, nun bitte den Garten verlassen!«

»Gute Nacht, Tommy! Ich bin heute abend so furchtbar nervös – ich hätte nicht . . .«

Bevor er sie fragen konnte, was sie meine, war sie verschwunden. Er stand wie vom Donner gerührt.

»Verdammt komisch«, sagte er laut vor sich hin und machte sich auf den Weg ins Hotel zurück.

Er hielt die Augen offen, um vielleicht den Betrunkenen nochmals zu sehen, aber er begegnete nur einem untersetzten Mann, der wohl eine gewisse Ähnlichkeit mit dem Krakeeler hatte, jedoch völlig nüchtern war.

25

Die Selbstschußflinte war genau untersucht und als Jagdgewehr erkannt worden, dessen Lauf man abgesägt hatte.

»Das ist mein Gewehr!« rief Derrick überrascht aus, als ihm Staines die Waffe zeigte. »Ich habe es in Keyley gefunden, als ich das Landhaus kaufte. Seit Monaten habe ich das alte Ding nicht mehr gesehen. Doch! Ja! Ich zeigte es Lord Weald, als er das letztemal bei mir zu Besuch war, und er riet mir, das Gewehr dem Altertumsmuseum zu überlassen.« Flüsternd beugte er sich vor. »Wissen Sie, Mr. Staines, was ich mir vorgenommen habe?

Ich werde eine ganze Woche lang in meinem Gespensterhaus wohnen und selbst die Schatzsuche aufnehmen. Meine Diener wollen mich natürlich nicht begleiten, so daß ich mit Larkin allein sein werde. Erzählten Sie mir nicht von einem alten Inspektor, der hier so gut Bescheid wisse? Darf ich ihn mal aufsuchen, um mit ihm einiges zu besprechen?«

»Ja – Inspektor Endred. Ich dachte, Sie kennen ihn schon?«

»Nein, ich erinnere mich nicht an ihn. Er scheint zwar meinen Vater gut gekannt zu haben, wird mich aber, da ich bis zu meinem siebzehnten Lebensjahr in Northumberland in die Schule ging, kaum gesehen haben.«

Derricks Haus war so ziemlich wieder in Ordnung gebracht worden.

Am Nachmittag sprach, auf Derricks Wunsch, Inspektor Endred bei ihm vor. Neugierig blickte er sich im Salon um.

»Fünfzehn Jahre muß es her sein, seit ich mich zum letztenmal hier umgesehen habe. Eine lange Zeit!« Er zeigte auf einen altmodischen Lehnstuhl, der neben dem Kamin stand. «Dort saß Ihr Vater am liebsten.«

»Wir sind uns, glaube ich, nie begegnet, wie?« fragte Derrick.

»Nein, Sie waren auf der Schule. Ein einziges Mal kamen Sie nach London, aber ich war gerade auf Urlaub. Ihren Vater kannte ich sehr gut. Er war ein netter Mensch, nicht gerade leutselig, aber man mußte ihn achten.«

»Wußten Sie, daß er wieder heiratete?«

»Nein, ich hatte keine Ahnung davon.«

»Wie lernten Sie meinen Vater eigentlich kennen, Inspektor?«

»Durch seine Fingerabdrucksammlung. Ich stand mit ihm, bis ich zur N.-Abteilung versetzt wurde, in reger Korrespondenz. Nebenbei bemerkt, Mr. Derrick – ich bin der gleichen Meinung wie Ihr Vater. Auch ich glaube, entgegen der allgemeinen Auffassung, daß Fingerabdrücke sich wiederholen.«

»Mein Vater glaubte an Dubletten, nicht wahr?«

»Ja, und mit Recht. Er hatte Fingerabdrücke zu Tausenden. Von Verbrechern, anständigen Leuten, Pastoren, Bankbeamten, was Sie wollen. Wo immer er es durchführen konnte, besorgte er sich die Handabdrücke der Leute, mit denen er in Berührung kam. Sie lachten ihn aus und ... Nun ja, wir alle haben eine gewisse Antipathie dagegen, unsere Fingerabdrücke herzugeben. Auch ich schreckte ein wenig davor zurück, als er mich für sein ›Familienalbum‹ – so nannte er seine Kartei – darum bat. Er hatte außerdem noch ein kleines rotes Büchlein mit Lederecken, in dem er alle Abdrücke aufbewahrte, die von Personen seines Haushalts oder seiner näheren Umgebung stammten – also von ihm selbst, Ihnen, der Haushälterin, von mir, und so weiter.«

Gedankenvoll starrte Derrick vor sich hin.

»Natürlich«, sagte er dann, »jetzt erinnere ich mich des Buches. Ich muß fünfzehn Jahre alt gewesen sein, als er mich in sein Arbeitszimmer rief und meine Fingerabdrücke für das Buch abnahm ...«

»Ja, vier Finger und den Daumen, genauso, wie es bei der Polizei gehandhabt wird. Ihr Vater war in dieser Beziehung ein Fanatiker.«

Der Sohn seufzte.

»Ja, das war er! Die Episode war mir ganz aus dem Gedächtnis entschwunden. Das Buch habe ich seither nicht mehr zu sehen bekommen.«

»Irgendwo hier muß es ja sein«, meinte der Inspektor. »Seltsam, daß Sie es noch nicht gefunden haben, Mr. Derrick!«

»Ja, das rote Buch, ich erinnere mich – eine Art Album ... Ob auch die Fingerabdrücke meiner Mutter darin waren?«

»Nein, ich glaube nicht. Ihr Vater fing ja erst nach dem Tode Ihrer Mutter an, Fingerabdrücke zu sammeln.«

Bald darauf ging Endred. Als er auf die Straße kam, stieß er mit Staines zusammen, der gleichzeitig aus dem Wealdschen Hause trat.

»Na, Endred«, begrüßte ihn Dick, »stimmt drüben was nicht?«

»O nein. Ich habe mich nur mit Mr. Derrick über alte Zeiten unterhalten.«

»Ach ja, natürlich – er wollte mit Ihnen sprechen.«

Die beiden gingen zusammen weiter.

»Gehen Sie zum Yard, Staines? In fünfunddreißig Tagen werde ich pensioniert und ...«

»Und bekommen Ihren silbernen Teepott – ja, Endred, darauf können Sie sich verlassen«, schnitt ihm Dick lachend das Wort ab. Er rief ein Taxi herbei und schob den alten Inspektor, trotz seines Protestes, in den Wagen. »Ja, ich weiß, man soll viel zu Fuß gehen – aber man soll es auch nicht übertreiben. Wie geht es Mr. Derrick?«

»Das ist ein feiner Mann«, versicherte Endred. »Einer vom alten Schlag. Ich erwähnte, daß ich pensioniert würde, und da...«

»Da erbot er sich, hundert Pfund zu spenden?«

»Mehr: Hundert Guineen! Woher wissen Sie das?«

Dick schmunzelte.

»Ich ahnte es.«

»Wir sprachen über die Fingerabdrucksammlung seines Vaters, doch er konnte sich nicht einmal auf das ›Familienalbum‹ besinnen.«

»Was ist das für ein Album gewesen?« erkundigte sich Dick.

Nun wiederholte Inspektor Endred die genaue Beschreibung und die Auskünfte, die er vorhin schon Mr. Derrick gegeben hatte.

»Was?« Dick sah seinen Begleiter an. »Sie kennen das Buch? Was für Abdrücke waren noch darin?«

Endred zählte die Namen auf, soweit er sich ihrer erinnern konnte.

»Das sind, glaube ich, alle, das heißt, wenn nachher nicht noch einige aufgenommen wurden.«

Inspektor Staines hörte schon nicht mehr zu. Er klopfte an die Scheibe und ließ den Wagen anhalten.

Sie befanden sich ganz in der Nähe von Scotland Yard.

»Ich muß mich beeilen«, sagte er zu Endred. »Der Chef hat mich bestellt, und ich bin schon zu spät.«

Er sprang aus dem Wagen und ging die paar Schritte zu Fuß.

Vor dem Eingang zum Yard sah er einen alten Mann stehen, der ihm bekannt vorkam.

»Henry –?« rief er erstaunt aus.

Ja, er war es, der hier, gemächlich an seiner Pfeife saugend, auf den Fluß hinausblickte.

Er schien bei Staines' Anblick nicht besonders zu erschrecken.

»Guten Morgen, Inspektor!« Seine Stimme klang respektvoll, und er verneigte sich leicht. »Hier ist es herrlich. Der Anblick des Flusses erinnert mich an die See. Wie mögen wohl jene Schutenleute leben ...«

»Wenn Sie genug philosophiert haben, Henry«, unterbrach ihn der Inspektor, »dann können Sie mir vielleicht mitteilen, warum Sie in London sind, was Mr. Cornfort macht und wo sich Miss Dane befindet.«

Der Rollstuhlführer musterte ihn vorwurfsvoll.

»Mr. Cornfort ist bettlägerig wie gewöhnlich. Er wird wohl nie mehr in seinem Rollstuhl sitzen.«

»Hat sich sein Befinden so verschlimmert? Nun, niemand lebt ewig!« Staines lächelte dem Alten ermunternd zu. »Was macht Miss Dane?«

»Sie ist in London. Sie hat etwas verloren und will sich danach erkundigen. Ein Andenken, ein kleiner Schmuckgegenstand, nicht von großem Wert, aber sie hängt daran.«

»Und wer pflegt unterdessen den Kranken?«

»Drei Krankenpflegerinnen.«

Staines blickte auf das Tor zum Yard.

»Miss Dane ist wohl dort drin?« fragte er, auf das Gebäude zeigend.

»Ich glaube, ja.«

»Aber dann ist sie doch nicht an der richtigen Stelle, um sich nach verlorenen Gegenständen zu erkundigen. Die Fundstelle ist dort weiter drüben.«

»So?« Der Alte zeigte sich interessiert. »Nun, Miss Dane weiß wahrscheinlich bei der Polizei nicht so genau Bescheid und dachte wohl, sie könnte hier etwas erfahren. Sie wollte, glaube ich, zum Polizeipräsidenten selbst.«

»Der ist nicht in London. Zu Bourke will sie?« Staines war entsetzt über so viel Unerfahrenheit. »Wegen eines Fundgegenstandes?«

Henry nickte.

»Sie hat ihre eigenen Wege, Mr. Staines, und geht immer gleich an die Wurzel aller Dinge.«

»Für einen Rollstuhlführer haben Sie eine recht nette Ausdrucksweise«, sagte Dick, den Alten interessiert musternd, was dieser, ohne mit der Wimper zu zucken, über sich ergehen ließ.

»Ich war in meiner Jugend Ringkämpfer, Sir. Sie wundern sich, daß ein schwächlicher Mensch, wie ich es bin, so einen Beruf gehabt haben kann? Nun, das war ja auch nicht mein Hauptberuf. Hauptsächlich war ich Professor der Mathematik an einer sehr berühmten Universität. Zuletzt fand ich aber heraus, daß sich Ringkämpfen besser lohnte, und sattelte um. Natürlich mußte ich mein Amt als Professor niederlegen.«

»Sie waren Federgewichtler?«

»Ja. Ich bin der Mann, der als einziger Digger Bill Ferrers besiegte. Er bekam in der dreizehnten Runde von mir den K. o. und wurde nie wieder das, was er gewesen war.«

Hielt ihn der Alte zum Narren? Staines hatte das Empfinden, als ziehe er in dieser Unterhaltung den kürzeren. Bevor er sich jedoch zu einem Entschluß durchringen konnte, trat Mary Dane aus dem Gebäude. Henry blickte ihr ruhig entgegen und bestärkte dadurch Staines in seinem Verdacht, daß er sich über ihn lustig mache.

»Henry hat Ihnen wohl schon das Neueste über Mr. Cornforts Zustand mitgeteilt, Mr. Staines?« begrüßte ihn Mary.

»Warum? Ist er tot?«

»Pfui. Natürlich lebt er noch. Aber er ist bettlägerig.«

»Und Sie fuhren nach Scotland Yard, um sich nach einem Fundgegenstand zu erkundigen?«

»Ja. Bitte stellen Sie mit mir hier auf offener Straße kein Kreuzverhör an, Mr. Staines! Bourke ist übrigens ein netter Mensch.«

»Ich werde ihm das Kompliment übermitteln«, versprach Dick.

Sie blickte ihn an.

»Sie können gehen, Henry«, sagte sie zu dem Alten. »Mr. Staines wird mich zu Sollingers zum Tee einladen. Kommen Sie, Mr. Staines, wir gehen zu Fuß durch den Park. Ich bin gern im Grünen.«

»Ja, das weiß ich«, erwiderte Dick maliziös.

Er warf einen Blick zurück und sah Henry noch immer auf dem gleichen Fleck stehen, den Blick auf den Fluß gerichtet.

»Wo hat er nur den Krankenstuhl gelassen?« fragte er boshaft. »Ohne ihn sieht er nach gar nichts aus.«

»Sie haben wohl schlechte Laune? Halte ich Sie von der Arbeit ab, Dick?«

»Nein, im Augenblick sind Sie meine einzige Beschäftigung und – meine einzige Sorge.«

Sie antwortete nicht. Eine Weile schritten sie still nebeneinander her, bis Mary das Schweigen brach:

»Was macht der Spuk?«

»Es geht ihm nicht gut. Er ist bettlägerig.«

»Ich spreche nicht von Mr. Cornfort«, sagte sie tadelnd.

»Ich meine den, der die Selbstschüsse legt.«

»Ach, Liebling, wie ich mich in jener Nacht um dich sorgte! Ich wünsche dir nicht, daß du je eine solche Viertelstunde durchmachen mußt, wie ich damals. Es war entsetzlich.«

»Woher wußtest du, daß man mir eine Falle stellen wollte?«

»Reiner Instinkt. Dick, nimm dich doch in Zukunft mehr in acht!« bat sie eindringlich.

»Ich tue es ja schon – dir zuliebe.« Er lachte. »Ich werde mich aber in den nächsten Tagen noch einmal in die Höhle des Löwen begeben müssen.«

Sie sah ihn entsetzt an.

»Was soll das heißen?«

»Mr. Derrick wird wieder in seinem Haus wohnen und hat mich eingeladen, ihm dabei Gesellschaft zu leisten.«

Sie erwiderte zuerst nichts. Nach einer Weile fragte sie:

»Wann willst du hinüber?«

»Morgen. Tommy ist wohl auch in London?«

»Nein. Er blieb dort, da ich ihm sagte, ich würde heute noch zurückkehren.«

»Fährst du wirklich nach Hause?«

»Henry möchte ins Theater, und ich habe ihm versprochen, ihn zu begleiten. Bourke ist ein netter Mensch, erst benahm er sich sehr dienstlich, besann sich aber eines Besseren.«

»Was wolltest du überhaupt bei ihm?«

»Soll ich immer wieder lügen? Er schrieb, ich möchte ihn aufsuchen, da er mich wegen der Handgranatenaffäre in Eastbourne sprechen wolle. Die Stadt hat ja, wie du vielleicht weißt, eine Belohnung von zweihundert Pfund ausgesetzt.«

Dick hatte es gelesen. Er begleitete Mary in ein Kaufhaus, wo sie einige Einkäufe machen wollte. An der Tür bat sie ihn, auf sie zu warten. Ohne sich um ihre Bitte zu kümmern, folgte er ihr von weitem, als sie sich ins Postbüro im vierten Stock begab. Durch die Glastür beobachtete er, wie sie nach postlagernden Briefen fragte. Die Beamtin suchte lange in den aufgestapelten Sendungen und schüttelte dann den Kopf. Gleich darauf trat Mary Dane aus dem Schalterraum heraus und sah Dick draußen stehen.

»Hast du mich endlich mal auf frischer Tat ertappt? Wie neugierig du bist! Aber dein Beruf ist wohl schuld daran, nicht wahr, Dicky?«

»Ich habe dich nicht belauscht«, verteidigte er sich. »Ich habe dich nur durch die Glasscheibe sehen können.«

»Ich hatte dich aber gebeten, unten zu warten, mein Junge. Komm, nun will ich Unterwäsche kaufen, und dabei kann ich dich wirklich nicht gebrauchen. Warte hier auf mich.«

Sie verließ ihn. Er wartete über eine halbe Stunde und wollte endlich weggehen, als er die Postbeamtin, die Mary bedient hatte, auf sich zukommen sah.

»Sie waren doch vorhin in Begleitung von Miss Dane?« sprach sie ihn an. »Werden Sie sie jetzt nochmals treffen?«

Er nickte.

»Eben haben wir für sie eine telefonisch durchgegebene Depesche bekommen – hier ist sie . . .«

Dick machte sich auf den Weg, um Mary zu suchen, fand sie aber nirgends. Endlich gab er es auf und trat gerade durch die Schwingtür auf die Straße, als ihn der Portier anhielt.

»Sie sind Mr. Staines, nicht wahr? Eine junge Dame hat mir eine Botschaft für Sie aufgetragen. Sie sei abberufen worden, denn Mr. ... – der Name ist mir entfallen – sei schwer erkrankt.«

»Mr. Cornfort, nicht wahr?«

»Ja, ganz richtig. – Ich kenne Sie, Sir, und darum konnte ich den Auftrag leicht übernehmen.«

Warum narrte sie ihn dauernd? Staines war in schlimmster Laune, als er endlich im Yard eintraf. Er stieß in der Tür mit Bourke zusammen, der gerade das Büro verlassen wollte.

»Sie haben sich nur zwei Stunden verspätet!« konstatierte der Chef und hob seine Zigarre auf, die der impulsive Dick ihm in der Hast aus der Hand geschlagen hatte.

»Was wollte Miss Dane bei Ihnen?« fragte Dick, ohne sich zu entschuldigen.

»Miss Dane? Was wollte sie eigentlich? Ach so, wegen der Bombenwerferei. Nettes Mädchen! Und klug ist sie auch. Sie würde eine herrliche Verbrecherin abgeben.«

»Glauben Sie ...«

»Nein, Unsinn. Na, auf Wiedersehen bis morgen.«

Ehe Dick eine weitere Frage anbringen konnte, war Bourke verschwunden.

27

Staines' Büro lag neben dem Bourkes. Beide Räume waren durch schwere Fenstergitter gegen das Eindringen Unberufener geschützt. Dick hatte sich an den Schreibtisch gesetzt, um einige wichtige Briefe zu erledigen. Plötzlich erinnerte er sich des Telegramms, das er für Mary Dane in Empfang genommen hatte.

Er nahm den Umschlag aus der Tasche, blickte auf die Adresse – und zuckte zusammen. Sie lautete: Mary de Villiers!

Also hatte sich Lordy Brown an jenem Abend doch nicht getäuscht, und das Mädchen, das er belästigt hatte, war Mary de Villiers gewesen? – Nun erinnerte er sich auch des Brieffragments, das er im Gepäck des toten Brown gefunden hatte. Auch dort war von einer de Villiers die Rede gewesen.

Mit zitternden Fingern riß Staines den Umschlag auf und begann zu lesen:

>Dank für Geldsendung, Miss Villiers. Kam sehr gelegen, da vollständig mittellos. Browns Ermordung bedauerlich, aber nicht anders zu erwarten gewesen.
Dank nochmals für Geld.<

Unterschrieben war das Telegramm von Mrs. Lordy Brown.

Mary? War sie es, die nach Kapstadt Geld gesandt hatte? Drei Dinge waren ihm nun klar. Mary Dane war in jener Nacht, als Lordy ermordet wurde, in Derricks Haus gewesen. Wahrscheinlich hatte sie Brown sterbend angetroffen, und er hatte sie wohl ersucht, seiner Frau das Geld zu schicken. Erkannt hatte sie der Sterbende bestimmt. Woher hätte sie sonst Mrs. Browns Adresse wissen sollen? Mary hatte den Verletzten verbunden und danach das Kästchen mit dem Verbandzeug und den Instrumenten liegenlassen. Wer aber mochte Brown ermordet haben?

Das Telefon läutete. Er nahm ab.

»Bist du es, Dick?«

Es war Marys Stimme, voller Angst.

»Ja, ich bin's, Mary. Ich habe deine Depesche geöffnet.«

»Ich weiß – eine Depesche von Mrs. Brown, nicht wahr? Man sagte es mir im Postbüro. – Dick, willst du mir einen Gefallen tun?«

»Gern, wenn es mir möglich ist.«

»Kein >Wenn<, Liebling«, bat sie. »Du mußt!«

»Was willst du denn von mir?«

»Ich bitte dich, mich heute nacht um ein Uhr in dein Haus einzulassen. Du mußt aber vorher Derrick wissen lassen, daß du in Tommys Zimmer schlafen wirst. Bleib an der Tür stehen, und sobald du mich daran kratzen hörst, mußt du sofort aufmachen. Laß alles dunkel – kein Licht darf brennen, wenn ich komme. Noch eins, Dick! Laß mich nicht aus den Augen! Du sollst mich behüten wie deinen Augapfel – so, als ob du mich wirklich ... Willst du das für mich tun, Dick? Minns weiß, daß ich kommen werde. Bitte, frag mich jetzt nicht weiter, Liebling. Wirst du alles tun, was ich sagte?«

»Ja.«

Sie hängte auf.

Minns wußte, daß sie kommen wollte? Was sollte das heißen? War auch Tommys Diener an diesen Rätseln beteiligt?

Dick ging nach Hause, und er war kaum eine Viertelstunde in Wealds Haus, als Minns erschien.

»Ich habe heute von Mylord Nachricht bekommen«, berichtete er. »Er wird gegen Ende der Woche nach London zurückkehren. Sie wissen ja, daß er bald heiratet ...«

»Ja, ich weiß«, unterbrach ihn Staines ungeduldig. »Aber es gibt andere Dinge, über die ich nicht so gut unterrichtet bin, Minns! Kennen Sie Miss Mary Dane?«

»Ja«, antwortete der Diener sogleich.

»Sie kennen Miss Dane, die Krankenpflegerin?«

»Ja, ich kenne sie. Sie war schon einmal hier. Es ist die Dame, die Sie zum Bahnhof begleiteten, nicht wahr?«

Staines hatte vergessen, daß Minns Mary an jenem Abend gesehen hatte, als sie ihn unter dem Vorwand, er möchte sie zum Bahnhof begleiten, aus dem Haus gelockt hatte.

»Haben Sie letzthin von ihr gehört?«

»Ja, Sir, verschiedentlich.«

Minns zuckte mit keiner Wimper.

»Sie sind also, genaugenommen, ein Komplice von ihr, wie?«

Minns lächelte – respektvoll und ruhig.

»Ja, in gewisser Beziehung, Sir«, gab er zu. »Ich habe ihr verschiedentlich dabei geholfen, wenn sie das Haus nebenan durchsuchte.«

»Mein Gott!« Staines glaubte nicht richtig gehört zu haben. »Sie wußten, daß Miss Dane sich als Einbrecherin im Nebenhaus betätigte?«

»Einbrecherin? Das nicht gerade, Sir ...«

Dieser ehrliche, respektvolle Diener eines Lords – dreißig

Jahre im Dienst der Familie – hatte sich dazu hergegeben, fremden Eindringlingen den Weg in Derricks Haus zu ebnen? Der Inspektor war sprachlos.

»Wir werden uns über diese Dinge noch unterhalten, Minns«, bemerkte er, nur um etwas zu sagen. »Wer weiß, ob Sie sich nicht strafbar gemacht haben.«

Wieder lächelte der Diener.

»Einmal wenigstens ist es mir gelungen, Sir, Sie vor einem Unfall zu bewahren.«

Staines verlangte zu wissen, was Minns damit meine, aber der weigerte sich, irgendein weiteres Wort in der Angelegenheit zu verlieren.

Während der Inspektor beim Essen saß, trat Derrick bei ihm ein, um ihn zu fragen, ob er ihm drüben für die Nacht Gesellschaft leisten wolle.

Hätte Dick nicht Mary versprochen, auf sie zu warten, er würde der Aufforderung Walter Derricks sicherlich Folge geleistet haben.

»Na, es schadet nicht«, meinte der andere jovial. »Morgen kommen Sie ja doch, und dann werde ich Sie viel bequemer unterbringen können als heute. Vielleicht sind Sie so liebenswürdig, Ihren Alarm heute nacht einzustellen und die Verbindungsbrücke zwischen den Balkonen bestehen zu lassen, damit ich, wenn sich etwas ereignen sollte, gleich zu Ihnen hinüber kann.«

Auch jetzt zögerte Staines, dem Vorschlag zuzustimmen. Derrick bemerkte es und lachte.

»Sie wollen nicht gestört werden, Staines? Auch gut, lassen wir also die Brücke weg. Na, vielleicht gelingt es mir, dem Gespenst das Handwerk zu legen, damit man wieder unbesorgt drüben schlafen kann.« Er lehnte Dicks Einladung zum Essen ab. »Ich werde im Klub erwartet«, sagte er. »Ich komme aber auf dem Rückweg nochmals vorbei.« Im Korridor blieb er noch einen Moment stehen. »Sie waren also bei der Bombenwerfergeschichte von Eastbourne auch dabei, Staines? Was halten Sie davon? Wer war der Täter? Ein Nihilist?«

»Ich kenne die politischen Anschauungen von Mr. Lavinsky nicht«, erwiderte Staines ruhig, »aber sicher hindern sie ihn nicht daran, Bomben zu verfertigen und auch durch die Gegend zu werfen.«

Walter Derrick pfiff leise vor sich hin.

»Lavinsky? Heißt er so? Klingt wie ein russischer Name.« Er lachte.

Dicks Nerven zitterten von diesem Lachen noch nach, als Derrick schon lange gegangen war.

Dann nahm er sich Minns wieder vor.

»Haben Sie je in Südafrika gelebt?«

»Jawohl, Sir.«

»Wie lange ist das her?«

»Kurz nach dem Tod des Vaters von Lord Thomas. Ich nahm in Südafrika eine Stellung an, da der junge Lord noch zu klein war, um meiner zu bedürfen.«

»Minns! Haben Sie dort jemals etwas ausgefressen?«

»Jawohl, Sir, das heißt . . .« Der Diener feuchtete sich seine trocken gewordenen Lippen an. »Man hat mich beschuldigt.«

»Des Diebstahls?«

»Ja. Ich war jedoch unschuldig.«

»Wurden Sie verurteilt?«

»Nein. Es war einer der seltenen Fälle, wo es wirklich einen Unschuldigen traf. Ich wurde freigesprochen, doch es war eine ziemlich knappe Sache für mich. Glücklicherweise fand man den wirklichen Dieb, ohne ihn aber ergreifen zu können.«

»Lordy Brown?« fragte Staines.

Doch Minns schüttelte den Kopf.

»Der Name tut nichts zur Sache, Sir.« Es handelte sich darum, daß man ihn, den Diener eines reichen Südafrikaners, beschuldigt hatte, Silberzeug aus dem Haus seines Herrn gestohlen zu haben. »Wenn Sie wünschen, kann ich Ihnen alle auf den Fall bezüglichen Zeitungsartikel geben. Meine Schwester hat sie sich aufgehoben. Sie werden aus ihnen ersehen können, daß ich wirklich unschuldig war.«

»Hm. Warum sagten Sie mir nicht, daß Sie Brown kannten?«

Minns antwortete nicht.

»Kannten Sie Miss Dane in Südafrika?«

»Nein, sie nicht, aber ihren Vater.«

»Sie hieß damals Miss de Villiers, nicht wahr?«
»Ich glaube, ja. Wünschen Sie noch etwas, Sir?«

Als der Inspektor den Kopf schüttelte, verbeugte sich Minns und verließ das Zimmer.

Minns kannte jene geheimnisvolle Familie! Plötzlich fiel Staines ein, daß Tommy ja auch eine Bibliothek besaß, in der er vielleicht das ›Who is Who?‹ von Südafrika finden konnte. Sein Suchen war erfolgreich. Kurz darauf hatte er das Gewünschte nachgeschlagen:

›Ferrers, W. G. (Digger Bill Ferrers), Federgewichtler, Meister von Australien sowie von Südafrika. Wurde später in Kapstadt von H. de Villiers in der dreizehnten Runde besiegt.‹

Henry hatte die Wahrheit gesagt: De Villiers! Er hatte selbst seinen wirklichen Namen verraten. Er war Marys Vater.

28

Während Dick noch vor dem Buch saß und gedankenverloren auf die Zeilen starrte, wurde die Tür aufgerissen, und Tommy stürmte ins Zimmer.

»Hast du Mary gesehen?« Seine Stimme klang schrill vor Aufregung. »Verschwunden seit heute nachmittag, mein Junge! Die ganze Gesellschaft ist weg: Mary, Cornfort – der angeblich Sterbende –, Henry... Alle sind weg. Nur der Rollstuhl ist noch da. Schrecklich, so ohne ein Wort zu verschwinden! Während ich vor ihrem Haus auf und ab spazierte, müssen sie abgebaut haben. Entsetzlich! Wenn nun der Bombenwerfer etwas damit zu tun hat, Dicky? Du mußt helfen, mein Junge – du bist doch von der Polizei! Um zwölf sind alle zusammen in einem Auto auf und davon...«

»Halt doch endlich mal den Mund, Tommy«, fuhr Dick dazwischen, »damit ich auch einmal ein Wort sprechen kann! Ich habe Mary gesehen.«

»Wo ist sie? Hier? In London?«

»Ja, hier. Auch Henry ist da.«

»Darauf müssen wir eins trinken – klingle Minns, er soll eine Flasche bringen! Wo wohnt denn die ganze Gesellschaft?«

Dick wußte es nicht, doch ließ er den Lord nicht im unklaren darüber, daß er Mary in der Nacht erwarte.

»Wo ist sie denn jetzt? Wird sie dich anrufen?«

»Du willst wohl weg? Wohin?« fragte Dick, als er sah, daß Tommy sich entfernen wollte.

»Nein, ich kam nur hierher, weil ich unruhig war. Jetzt aber fahre ich gemütlich nach Surrey.«

»Was willst du dort?«

»Die Flitterwochen vorbereiten. Wir wollen nächste Woche heiraten!«

Dick sprang auf.

»Nächste Woche? Bist du verrückt geworden? Du sagtest mir doch, ihr wolltet erst im September heiraten!«

»Nee, mein Sohn, nächste Woche geht's los!«

Dick war sprachlos.

»Was hast du für eine Telefonnummer?« wollte er wissen.

Tommy nahm einen Bleistift, schrieb aber die verlangte Nummer nicht auf.

»Ach, wenn du wüßtest, was für einen Stein du mir vom Herzen gewälzt hast, Dick! Sie ist also wohlauf? Ich wollte schon Selbstmord begehen, nach Afrika auf die Löwenjagd fahren – kurz, all das, was man tut, wenn einem die Braut abhanden kommt. Na ...«

Er drehte sich kurzerhand um und verließ das Zimmer, ohne Dick seine Adresse oder Telefonnummer gegeben zu haben.

Staines wartete die Dunkelheit ab. Er war schon auf dem Sprung, ins Nebenhaus hinüberzuklettern, als er sich besann, was er Mary versprochen hatte. Als das Verlangen, Derricks Haus aufzusuchen, immer heftiger wurde, ging er auf den Balkon hinaus, um das Gebäude wenigstens von außen zu betrachten. Erhebend war der Anblick allerdings nicht. Auffallend waren die langen, schmalen Fenster, die schlecht zur übrigen Bauweise – dem geschmacklosen Stil des Viktorianischen Zeitalters – paßten. Während Staines abschätzend die Fassade begutachtete, fuhr er plötzlich auf.

Durch die Scheiben der Balkontür im Haus nebenan hatte er einen kurz aufflammenden, ebenso rasch wieder verschwindenden Lichtschein bemerkt. Derrick konnte nicht der Urheber sein, denn er hatte versprochen, nochmals vorzusprechen, wenn er aus dem Klub zurückkäme.

Wieder war der Inspektor im Begriff, die kurze Strecke zum Nebenhaus zurückzulegen, wieder erinnerte er sich seines Versprechens, auf Miss Dane zu warten. Wer mochte sich dort nebenan zu schaffen machen, und wie war der Betreffende ins Haus gelangt?

Da sah Staines, wie sich drüben durch den Türausschnitt ein Kopf vorstreckte. Als sich die Gestalt langsam aufrichtete und der Kopf in den Lichtkreis der Straßenlaterne geriet, war die Maske zu erkennen, die den ganzen Kopf verhüllte.

Einen Augenblick hielt sich Staines noch zurück. Jetzt wandte sich die Gestalt drüben mit einer leichten Drehung ab und war gerade im Begriff, ins Zimmer zurückzutreten, als Dick lautlos auf den Nachbarbalkon hinüberglitt und die Hand nach dem Maskierten ausstreckte.

»Sie suche ich!« sagte er.

Er sah, wie der Überraschte die Hand hob, und ließ sich im gleichen Augenblick auf den Boden des Balkons fallen. Er hörte einen Knall, und die aufblitzende Stichflamme der Schußwaffe verriet ihm, daß er sein Leben nur seiner Geistesgegenwart zu verdanken hatte.

Sofort nach dem Schuß drehte sich der Maskierte um und verschwand im Innern des Büroraumes. Erst wollte Staines ihm folgen, doch besann er sich eines anderen. Er eilte in sein Zimmer zurück und raste, an dem verstörten Minns vorbei, die Treppen hinunter zur Haustür.

Er riß die Tür auf und – fuhr zurück. Vor ihm stand Derrick, den Finger auf dem Klingelknopf.

»Was ist denn nun schon wieder los?« fragte der Besitzer des Nebenhauses und starrte Staines entgeistert an.

Ohne zu antworten, eilte der Inspektor zum Nebenhaus hinüber und versuchte, die Haustür zu öffnen. Sie war verschlossen.

»Ist wieder jemand drin?« fragte der andere erregt.

»Kommen Sie her, Derrick, schließen Sie die Tür auf!«

»Warum? Wollen Sie hinein?«

»Nein«, erwiderte der Inspektor lakonisch.

Er starrte auf die Steinstufen. Es hatte geregnet, und die Fahrbahn glänzte naß im Licht der Laternen. Die zu Derricks Haustür führende Treppe war jedoch vollkommen trocken, da sie vom Regen nicht erreicht worden war.

»Merken Sie etwas?« fragte Staines.

»Nein«, sagte Derrick. »Was ist denn los? Verdammt noch mal, diese Heimlichtuerei hängt mir schon zum Hals heraus.«

»Daran ist gar nichts Geheimnisvolles«, versicherte Staines. »Der maskierte Einbrecher hat versucht, mich zu erschießen.«

»Um Gottes willen!« Derrick drehte sich um. Hinter ihm standen zwei Männer, die ihn neugierig beobachteten. »Wer sind diese Leute?«

»Die tun Ihnen nichts«, beruhigte ihn der Inspektor. »Es sind zwei Beamte vom Yard.« Er winkte einen von ihnen heran. »Haben Sie hier jemand gesehen?«

»Nein. Wir sahen nur einen schnell wieder verlöschenden Lichtschein oben auf einem der Balkone.«

Derrick hatte seine Haustür aufgeschlossen. Die Diele war stockdunkel.

»Ich bin daran schuld«, meinte er. »Ich habe vergessen, Licht zu machen, bevor ich zum Essen ging.«

Staines zeigte auf die beiden Kriminalbeamten.

»Meine Leute werden Sie ins Haus begleiten.«

Derrick lachte.

»Fürchten Sie sich?«

»Entsetzlich . . .« ging Staines auf den Ton ein.

Er wartete vor der Haustür, bis einer der Beamten, die mit Derrick ins Haus gegangen waren, wieder erschien. Er übergab seinem Chef die Maske, die der Attentäter getragen hatte.

»Sie besteht aus einem Damenstrumpf, Sir. Ich fand sie auf der Treppe.«
»Haben Sie die Schußwaffe gefunden?«
»Nein, Sir, nur der Schalldämpfer lag oben. Hier ist er.« Der Inspektor steckte die Vorrichtung in die Tasche.
»Dem Mann selbst sind Sie wohl nicht begegnet?«
»Nein, Sir.«
Staines lächelte. Er wußte, was er wissen wollte. Die Vortreppen der beiden Häuser hatten ihm alles Wichtige verraten.

29

Etwas später kam Derrick zu Staines ins Nachbarhaus hinüber. »So eine verdammte Schweinerei«, fluchte er, »der reinste Kintopp! Was halten Sie davon, Inspektor?« Plötzlich entdeckte er die Maske, die Staines noch immer in der Hand hielt. »Ist das die Möglichkeit! Nun, haben Sie es sich überlegt – wollen Sie nicht doch mit mir nebenan die Nacht verbringen?«

»Vielleicht darf ich einen Gegenvorschlag machen. Wir lassen die beiden Beamten drüben – schlafen brauchen sie nicht, man kann ihnen Lehnstühle hinstellen.«

Derrick schüttelte abwehrend den Kopf.

»Warum sollen sich die Leute unnötig in Gefahr begeben? Ich werde auch nicht drüben bleiben. Morgen lasse ich die Möbel wegräumen, und dann wird mit dem Abbruch begonnen.« Und nun stellte er eine Frage, die Staines aufs höchste überraschte: »Darf ich einmal den Anrichteraum hier in diesem Haus besichtigen?«

»Hier? Meinetwegen.«

Er klingelte. Minns erschien.

»Mr. Derrick möchte den Anrichteraum sehen. Ich weiß nicht...«

Überrascht sah Dick, daß Minns totenbleich wurde.

»Meinen Anrichteraum, Sir? Gewiß. Wenn Sie nichts dagegen

haben, möchte ich ihn nur vorher ein wenig in Ordnung bringen.«

»Lassen Sie nur –«, widersprach Derrick und wollte dem Diener folgen.

Doch Minns ließ sich nicht verblüffen. Auf der Schwelle blieb er stehen und wandte sich um.

»Ich bedaure, Sir«, sagte er, »daß ich in Abwesenheit meines Herrn ohne dessen Genehmigung niemand im Hause herumführen darf. Ich will Ihnen den Anrichteraum gern zeigen, muß aber, um des guten Namens meines Herrn willen, darauf bestehen, daß ich den Raum erst in Ordnung bringen darf.«

Dann drückte der Diener die Tür hinter sich ins Schloß.

Derrick starrte ihm nach. Rot vor Zorn drehte er sich zum Inspektor um.

»Wer hätte das gedacht? Der Alte spielt den Gerechten, wie? Nein, ich glaube, ich werde nun darauf verzichten, mir den Anrichteraum noch anzusehen.«

Ohne ein weiteres Wort schlug er die Tür hinter sich zu und verließ das Haus.

Staines suchte Minns auf, der ruhig und ohne eine Spur von Erregung in seinem Zimmer saß.

»Was ist mit dem Anrichteraum los, Minns? Gehört er zum Geheimnis?«

»Hat sich Mr. Derrick beschwert, weil ich mich weigerte, ihm das Zimmer zu zeigen?«

Aus der Stimme des Dieners sprach Sorge.

»Nein, Mr. Derrick meinte nur, er habe kein Interesse mehr, den Raum zu sehen.«

Minns' Gesicht war aschgrau geworden.

»Es tut mir leid, Sir, daß Mr. Derrick das sagte.«

Warum er es bedauerte, das sagte er nicht. Gegen Mitternacht kam er nochmals zu Staines, um sich nach dessen Wünschen zu erkundigen. Bald darauf hörte ihn der Inspektor in sein Zimmer gehen und die Tür hinter sich verriegeln.

Um halb eins löschte Staines sämtliche Lichter und stellte sich an der Haustür auf. Der Platz vor ihm war menschenleer – er wußte jedoch, daß sich in Rufweite etwa zwanzig Beamte von

Scotland Yard aufhielten. Es regnete stark, und Dick konnte sich vorstellen, wie die Leute fluchten, die sich schutzlos dem Wetter ausgesetzt sahen. Er unterhielt sich noch einen Moment mit dem Führer des Trupps. Daß er noch späten Besuch erhalte, hatte er ihm bereits mitgeteilt.

»Minns war vor einigen Minuten auch hier, um seine Pfeife auszurauchen.«

»Minns?« wunderte sich Staines. »Ich glaubte, er sei zu Bett gegangen.« Doch warum sollte der Diener vor dem Schlafengehen nicht eine Pfeife rauchen? »Wem gehört der Wagen dort?«

Ein Tourenwagen, mit eingeschaltetem großen Licht, stand auf der anderen Straßenseite.

»Wem er gehört, Sir, weiß ich nicht«, erwiderte der Sergeant. »Er steht schon seit einer Stunde dort.«

Staines untersuchte das Auto. Es war über und über mit Schmutz bedeckt. Die Nummer zeigte eine Sussexregistrierung.

»Ja, vor einer Stunde kam der Wagen an«, bestätigte nun auch einer der Kriminalbeamten. »Wer darin saß, konnte ich nicht erkennen, weil die Scheinwerfer blendeten.«

»Lassen Sie das Auto nicht aus den Augen«, befahl ihm Staines.

Punkt ein Uhr klopfte es an die Haustür. Dick öffnete sofort. Vor ihm standen zwei Personen.

»Wer ist das?« rief er leise.

»Ich bin's, Dick!«

Es war Mary. Sie schien außer Atem zu sein.

»Wer ist bei dir?«

»Ein Freund –«, sagte eine männliche Stimme.

»Kommt herein!« Dick sah, daß Marys Begleiter hinkte. »Kommt ins Speisezimmer...«

»Nein, laß uns nicht allein, du mußt uns mit dir nehmen, Dick, du hast es mir versprochen.« Die Stimme klang ängstlich. »Bitte, halte dein Versprechen! Mein Freund, Mr. Jones...«

»Sag lieber – Mr. Cornfort!« unterbrach sie Dick.

Er hörte den Mann lachen.

»Sie scheinen ein gutes Gedächtnis für Stimmen zu haben, Mr. Staines!«

»Bevor wir uns weiter unterhalten«, sagte Dick, »möchte ich erst ein wenig unterrichtet werden, was eigentlich gespielt wird. Wenn mir Unannehmlichkeiten bevorstehen – wie es den Anschein hat –, dann will ich wenigstens vorher wissen, was los ist.«

»Ich wäre erstaunt, wenn ich Sie anders sprechen hörte«, stimmte ihm Cornfort zu, und seiner Stimme war weder von Alter noch von Krankheit etwas anzumerken. »Mary wollte nicht, daß ich sie hierher begleitete, aber ich habe es satt, sie für mich die Kastanien aus dem Feuer holen zu lassen.«

»Ich soll dir helfen, ins Nebenhaus zu gelangen, wie?« wandte sich Dick an Mary. »Damit will ich nichts zu tun haben. Ich bin Polizeibeamter und muß meine Pflicht erfüllen. Worauf diese hinausläuft, weiß ich bis jetzt zwar selbst nicht.«

»Nein«, flüsterte Mary. »Der Gedanke stammt gar nicht von mir, sondern von Henry. Aber er wollte nicht, daß ich etwas damit zu tun haben sollte. Er hat Angst, daß sich Lavinsky revanchieren wird, indem er mich in seine Gewalt zu bekommen sucht. Ich wollte ja auch in Eastbourne bleiben, aber nach den Ereignissen vor ein paar Tagen kam das nicht mehr in Frage. Ich lüge nicht, Dick. Meine Leute wußten nur nicht, was sie mit mir anfangen sollten. Henry drohte sogar, mich einsperren zu lassen, damit ich mich nicht unnötig in Gefahr begeben könnte. Zuletzt erst faßten wir den Beschluß, uns an dich zu wenden.« Sie ergriff beschwörend seinen Arm. »Mr. Cornfort mußte ja sowieso in der Nähe bleiben. Der Grund dafür wird dir auch noch einleuchten. Wir entschlossen uns daher, daß er mich begleiten sollte.«

Dick stöhnte.

»Ich verstehe von dem ganzen Durcheinander überhaupt nichts, Liebling.« Er dachte angestrengt nach. »Kommt alle beide mit mir nach oben.«

»Du darfst uns auf keinen Fall allein lassen, Dick!« wiederholte sie.

»Komm nur, sei ruhig.«

Cornfort wollte, sobald er Dicks Zimmer betreten hatte, auf den Balkon hinaus. Mary zog ihn zurück.

»Bitte nicht – denken Sie an Ihr Versprechen! Können wir nicht die Vorhänge vorziehen?«

Das Mädchen zitterte wie Espenlaub.

»Wenn wir sicher wären, daß Marys Theorie richtig ist, würde das Ganze ein Kinderspiel sein«, sagte nun Cornfort. »Aber weil wir es nicht bestimmt wissen, dürfen wir – auch Henry ist dieser Meinung – nicht das geringste Risiko auf uns nehmen.«

»Was für ein Risiko?« fragte Dick.

Cornfort schwieg lange. Endlich sagte er:

»Lebenslängliches Zuchthaus für mich und lange Gefängnisstrafe für Mary!«

In der großen Stille, die dieser Erklärung folgte, hörte man unten vor dem Haus ein Auto vorfahren. Kurz darauf erklang Tommys Stimme von der Diele aus.

»Warum ist alles so dunkel?« rief er laut.

»Schnell!« Dick beugte sich über das Treppengeländer. »Komm herauf und mach keinen solchen Krach!«

»Ist was los?« Die Stimme klang freudig erregt. »Ich kam nur zurück, um dir meine Adresse zu geben. Es kam mir gerade in den Sinn, als ich vorhin aus dem Klub herauskam.«

»Halt den Mund!« warnte Dick nochmals.

»Ist der Geist wieder unterwegs?« erkundigte sich Tommy flüsternd.

»Pst. Oben in meinem Zimmer ist jemand...«

»Wer?«

»Mary!«

»In meinem Zimmer?« Der Lord schluckte. »In meinem – deinem Zimmer? Was, zum Donnerwetter...«

»Beruhige dich – sie kam nicht allein. Mr. Cornfort ist bei ihr.«

»Tommy!« rief Mary leise aus dem Zimmer. »Was willst du hier? Warum bist du gekommen?«

»Warum? Verdammt noch mal, es war höchste Zeit, daß ich kam. Was soll das alles heißen, Mary? Du bist bei Dick?«

»Mr. Cornfort ist auch hier.«

»Warum ist hier alles dunkel? Warum brennen die Lampen nicht?«

Als Tommy nach dem Schalter tastete, fiel ihm Mary in den Arm.

»Bitte, nicht, Liebling.«

30

Von irgendwoher unten im Haus war ein gedämpfter Knall zu vernehmen. Dick raste in den Korridor hinaus und die Treppen hinunter. In der Küche brannte Licht, die Tür stand offen.

Minns lag bewußtlos am Boden, sein Rock war voller Blut. Dick kniete neben dem verwundeten Diener nieder.

»Laß mich nachsehen«, bat Mary, die ihm gefolgt war. Nach kurzer Untersuchung sagte sie: »Ich glaube nicht, daß er schwer verletzt ist. Es ist aber besser, wir lassen ihn in ein Krankenhaus bringen.«

Sie verband die Wunde.

»Wie kann das passiert sein?« rief Dick aus.

»Geh in den Anrichteraum – dort wirst du die Erklärung finden.«

Das Bett, in dem Minns zu schlafen pflegte, war zur Seite gerückt, und im Fußboden zeigte sich eine schmale Öffnung.

Der Raum lag direkt über dem geheimnisvollen Weinkeller von Derricks Haus. Früher mußte der Keller beiden Häusern gemeinsam gedient haben. Das erklärte auch die Tatsache, daß Tommys Haus jetzt kein Kellergeschoß mehr besaß. Staines erinnerte sich, daß Minns ihn auf diesen Umstand aufmerksam gemacht hatte.

Dick untersuchte die Falltür und stieg in den Weinkeller hinunter. Die schwere Stahltüre, hinter der Lord Wealds Garage lag, war verschlossen. Die andere Tür, der Zugang zu Derricks Haus, die Staines neulich mit Hilfe von Endreds Polizisten eingedrückt hatte, hing im gleichen beschädigten Zustand in den Angeln. Die Stahlkiste mit den Likörflaschen, die auf Scharnieren lief, war zur Seite gerückt und gab die Öffnung mit der Metalleiter, die in die Tiefe zum unterirdischen Gang führte, frei.

Es war zu spät und sinnlos, auf diesem Weg noch die Verfolgung aufzunehmen.

Oben im Anrichteraum wartete Mary auf Dick.

»Von hier aus sind wir immer ins Haus gelangt«, sagte sie. »Minns ließ uns ein.« Als sie seinen fragenden Blick auffing, schüttelte sie den Kopf. »Nein, den unterirdischen Gang haben wir nur ein einziges Mal benützt. Der arme Minns!«

»Warum aber – was hat ihn dazu veranlaßt?«

»Er kannte Walter Derrick schon von früher her, als sie zusammen als Diener in einem reichen Haus in Kapstadt arbeiteten. Ja – du vermutest richtig. Walter Derrick ist der Mann, den du unter dem Namen Cornfort kennenlerntest, Dick! Der andere Walter Derrick...«

»Ist Hermann Lavinsky?« fiel Dick ein. »Ich dachte es mir. Sicher war ich aber erst, als ich ihn heute abend, nach der Schießerei in seinem Haus, vor meiner Haustür wieder traf. Wir, er und ich, sind beide nicht sehr schlau gewesen. Ich, weil ich ihn nicht sofort festgenommen habe, und er, weil er glaubte, ich hätte nicht bemerkt, daß weder vor seiner noch vor Tommys Haustür nasse Fußspuren zu sehen waren, obwohl es den ganzen Abend heftig geregnet hatte. Ich wußte sofort, daß er nicht draußen gewesen sein konnte. Er hätte sonst Spuren auf der Vortreppe hinterlassen müssen.«

Sie hörten Tommys aufgeregte Stimme rufen. Nervös lief der Lord von der Küche, wo der verwundete Minns lag, zur Diele und wieder zurück. Das ganze Treppenhaus war hell erleuchtet.

»Was soll nun geschehen?« rief er schrill.

Es wurde heftig an die Haustür geklopft. Staines öffnete. Draußen stand der Sergeant und meldete einen weiteren unglückseligen Zwischenfall. Die drei Kriminalbeamten, die das Auto auf der anderen Straßenseite bewachten, hatten Hilferufe aus der zum Derrickschen Haus gehörenden Garage vernommen. Zwei von ihnen waren hingeeilt, doch kaum hatten sie die Garage betreten, als das Tor hinter ihnen zuschlug. Während sie es aufzubrechen versuchten, hörten sie draußen den Lärm eines angeworfenen Motors. Der dritte Beamte, der draußen geblieben war, wollte sich dem flüchtenden Wagen in den Weg werfen. Er wurde angefahren und verletzt.

Man erwartete jeden Augenblick die Ambulanz. Staines ordnete an, daß auch der verletzte Minns sofort ins Krankenhaus transportiert würde.

»Die einzige Möglichkeit«, äußerte Dick mehr zu sich selbst, »Lavinsky zu fassen, bevor er noch mehr Unheil anrichten kann, wird eine Benachrichtigung der Polizei von Sussex sein.«

»Du glaubst also auch, daß er versuchen wird, nach Keyley durchzubrechen?« fragte Mary. »Ich bin der gleichen Ansicht. Vermutlich hat er seine Flucht sorgfältig vorbereitet. Ich beobachtete ihn zweimal, als er ein starkes Motorboot ausprobierte. Wo er es aber untergebracht hat, weiß ich nicht.«

Jetzt erst stellte Dick die Frage, die ihn lange beschäftigt hatte.

»Warum hast du nicht sofort die Polizei von der ganzen Sache benachrichtigt, Mary?«

»Diese Frage ist leicht zu beantworten – es war das einzige, was wir nicht tun durften. Vergiß nicht, daß Mr. Cornfort – um bei diesem Namen zu bleiben – ein entflohener Sträfling ist. Er hatte in Rhodesien eine lebenslängliche Zuchthausstrafe wegen Mordes zu verbüßen.«

Dick fuhr zurück und stammelte:

»Aber – Kind, dann müßte er – sofort verhaftet werden!«

»Das mag schon richtig sein«, gab Mary zu.

Es gelang nicht gleich, die Sussex-Polizei, das heißt die zuständige Stelle, die die Fahndung anordnen konnte, ans Telefon zu bekommen. Zu Dicks größter Verblüffung schlug Mary vor, daß sich inzwischen alle ins Nebenhaus begeben sollten.

»Henry erwartet uns –«, sagte sie geheimnisvoll, »und du kannst ja auch drüben telefonieren.«

Diele und Treppe in Derricks Haus waren gleichfalls beleuchtet. Henry stand in der Tür des Salons, als die kleine Gesellschaft – Mary, Staines, Cornfort und Tommy – eintraf. In seiner Hand hielt er ein kleines, rot eingebundenes Buch.

»Guten Morgen, Mr. Staines – Sie werden uns wohl jetzt alle verhaften, wie?«

Dick schüttelte den Kopf.

»Nein – ich glaube nicht.«

Er trat in den Salon, während Mary sich noch mit Cornfort und Tommy im Korridor unterhielt.

Auf dem großen Tisch im Salon lag die Vakuumpumpe – sie schien ihren Dienst gut verrichtet zu haben.

»Ja«, sagte Henry, als er den fragenden Blick Staines' bemerkte. »Der Tresor ist oben im Büro in die Außenwand des Hauses eingebaut worden. Ich kam auf die Idee, als ich die Baupläne studierte. Nachdem ich die Lage des Verstecks entdeckt hatte, gab es natürlich keine großen Schwierigkeiten mehr. Diese Pumpe hier ist der eigentliche Schlüssel dazu. Die Spitze wird in ein kleines Loch hineingepreßt, und die Tür mit dem Sauger herausgehoben.«

»Wie aber fanden Sie das kleine Loch, in das die Spitze paßte?«

»Fotografisch und dann durch Vergrößerung. Im Schrank liegt übrigens ein ganzes Paket Banknoten – ich halte es für richtig, daß Sie einen Beamten mit der Bewachung beauftragen.«

Nun hinkte Cornfort ins Zimmer, gefolgt von Tommy. Ein wenig später kam auch Mary und – ihre Doppelgängerin.

Dick sah Mary und ihre Schwester zum erstenmal zusammen. Wie hatte Tommy sich so zum Narren halten lassen können? Die beiden sahen einander wohl ähnlich, doch nicht so sehr, daß sie ihn, Dick, hätten hinters Licht führen können.

»Sie sind wohl die Krankenpflegerin, wie?« wandte er sich an Tommys Braut.

»Ja, Jane de Villiers.«

Sie lächelte und blickte schüchtern auf den Lord.

Tommy starrte von einem Mädchen zum andern ... Dieselben Augen, dieselben Haare – nur, vielleicht bei Mary de Villiers um einen Schein heller.

»Verd....«

Er unterbrach sich.

»Du wolltest wohl deiner Verwunderung Ausdruck geben, Tommy?« Mary lachte. »Ich selbst bin außerordentlich enttäuscht, daß Mr. Staines nicht vor Staunen ohnmächtig geworden ist. Wußtest du, was los war?«

»Ja, ich wußte es.«

»Aber wieso? Du hast uns doch nie zusammen gesehen, Dick? Jane hat seit Monaten eine Hölle durchgemacht. Sie wagte sich nie auf die Straße, außer, wenn sie wußte, daß ich verreist war. Woher also konntest du es wissen?«

»Ich werde es dir ein andermal erklären. Wenn mir aber eine Dame vom Zug aus etwas ins Ohr flüstert, und ich erfahre gleich darauf, daß sie sich verlobt hat, und zwar mit einem anderen, dann beginne ich mich zu fragen, was gespielt wird.«

»Wir sprechen ein andermal darüber«, wehrte sie hastig ab. »Kennst du meinen Vater?«

Dick lachte.

»Ja, ich kenne ihn recht gut. Er heißt Henry de Villiers und ist der Chef einer Detektivfirma in Kapstadt.«

»Mit Filiale in Johannesburg«, ergänzte Henry. »Wollen Sie sich nicht mal das Büchlein ansehen, Mr. Staines?«

Als Cornfort das rote Buch erblickte, sank er auf einen Stuhl. Er streckte die Hand aus, um es Dick abzunehmen. Schnell blätterte er die Seiten um und hielt dann inne. Vier verschiedene Fingerabdrücke waren zu sehen, einer unter dem andern.

»Wessen Abdrücke sind das?« fragte Dick gespannt.

»Die meinigen!« sagte Cornfort leise.

Dick nahm das Buch und las unten auf der aufgeschlagenen Seite: ›Abdrücke meines Sohnes Walter, geboren 3. 1. 1893.‹

31

Es dauerte fast eine Stunde, bis Staines mit der maßgebenden Polizeistelle von Sussex verbunden war. Doch erst jetzt erfuhr er, daß Keyley gar nicht zur Grafschaft Sussex, sondern zu Surrey gehörte.

»Das dauert nochmals eine Stunde«, fluchte er, »bis wir die

Leute von Surrey alarmiert haben! Nein, wir müssen uns selbst nach Keyley auf die Socken machen.«

Mittlerweile war auch Bourke eingetroffen, der, wie Staines fand, sich über die Ereignisse keineswegs erstaunt zeigte.

»Wir müssen uns einen schnellen Wagen besorgen –«, begann Dick, aber Mary fiel ihm ins Wort.

»Er wartet bereits an der Ecke auf uns«, erklärte sie. »Es ist der unsrige, denn wie sollten wir es sonst fertiggebracht haben, schneller als Tommy in London zu sein oder deinen Zug zu überholen, wenn wir uns kurz vorher in Brighton oder sonstwo unterhalten hatten?«

»Wer steuert ihn?«

Sie lachte nur.

Noch nie im Leben war Dick so schnell gefahren wie in dieser Nacht, als Mary am Steuer saß. Der Rennwagen schoß wie der Blitz Keyley entgegen. Ab und zu schien Dick ein Unfall schon unvermeidlich, aber Henry de Villiers beruhigte ihn immer wieder.

»Meine Tochter ist eine ganz sichere Fahrerin. Sie hat in Afrika drei Rennpreise gewonnen.«

Nach unglaublich kurzer Zeit kam der Wagen vor dem Gartentor in Keyley zum Stehen. Dick seufzte erleichtert. Das letzte Stück war in ziemlicher Dunkelheit zurückgelegt worden, da Mary es für besser gehalten hatte, die Scheinwerfer auszuschalten.

»Es wird zwar nicht viel nützen«, sagte sie, »denn er hat uns sicher gehört.«

Auch die beiden Kriminalbeamten, die die Höllenfahrt mitgemacht hatten, dankten ihrem Schöpfer, daß sie heil ans Ziel gekommen waren. Geräuschlos, einer hinter dem andern, schlichen sich alle den Gartenpfad entlang, den Blick ständig auf das völlig dunkel daliegende Haus gerichtet.

Dick zweifelte nicht einen Augenblick, daß sich der Gesuchte hier befand. Er hatte auf dem Sand der Zufahrtsstraße frische Reifenspuren entdeckt. Als sie die Haustür erreichten, sahen sie seitlich vom Haus auch den Wagen, der den Flüchtigen hierhergebracht haben mußte.

Während sie noch beratschlagten, wie sie weiter vorgehen sollten, blitzte hinter den Erdgeschoßfenstern Licht auf. Es mußte, wie Dick sich zu erinnern glaubte, der Salon sein.

Jetzt wurde die Haustür geöffnet.

Auf der Schwelle stand ›Walter Derrick‹, die eine Hand dick verbunden. Er war in Hemdsärmeln.

»Kommen Sie nur herein, meine Herrschaften!« lud er seine Verfolger leutselig ein. »Ich sah Ihre Scheinwerfer von weitem und hörte auch Ihren Motor. Haben Sie den armen Cornfort mit dabei? Nein? Schade! Wen habe ich vor mir? Miss Jane oder Miss Mary de Villiers? Und auch mein lieber, alter Freund Henry, der ›Rollstuhlführer‹? Hm, hm!« Er wandte seinen Besuchern den Rücken zu und betrat den Salon. »Sie brauchen den Revolver wirklich nicht, de Villiers!« wandte er sich lächelnd um.

Seine Worte machten auf Henry keinerlei Eindruck. Der bläulich schimmernde Lauf der Waffe blieb genau auf sein Herz gerichtet.

»Nun werden Sie mich wahrscheinlich verhaften wollen, nicht wahr? Und darf ich fragen, auf Grund welcher Beschuldigung?«

Er stellte die Frage so, daß man glauben mußte, er habe für die Antwort nur wenig Interesse.

»Vor allem wollen wir erst einmal mit der für Mord beginnen«, erwiderte Staines. »Dann käme auch noch Ihre gesetzwidrige Aneignung einer fremden Identität in Betracht. Der Mord dürfte aber für den Augenblick genügen.«

›Derrick‹ zuckte die Achseln.

»Ich glaube, Inspektor, Sie werden doch noch einige Schwierigkeiten bei Ihrem Unternehmen haben. Wenn ich wirklich ein Mörder wäre, muß ich dann auch ein Esel sein? Ich hätte Sie persönlich mehr als einmal ins Jenseits befördern können, Staines! Und Henry? Na, was ist mit ihm? Die Bombe? Glauben Sie wirklich, daß ich eine so dramatische Ader habe? Natürlich würde so eine Handgranate ein gutes Mittel gewesen sein, Sie alle aus dem Weg zu räumen, aber – komme ich denn wirklich als Täter in Betracht? – Bitte, schließen Sie doch die Tür! Es zieht.«

Ein Beamter schloß auf Dicks Wink die Tür, während der zweite sich am Fenster aufstellte.

»Ich bin unbewaffnet – wozu also diese melodramatische Szene, de Villiers, die Sie da mit Ihrem Revolver aufführen?« ›Derrick‹ blickte direkt in die Mündung des Revolvers. »Was wird nun jetzt?«

Irgend etwas war mit dem Mann los. Er schien Schmerzen zu haben. Sein Gesicht wurde immer hagerer, seine Jovialität war gezwungen.

»Sind Sie verletzt?«

›Derrick‹ schüttelte den Kopf.

»Nicht so schlimm ... Wieviel Jährchen werde ich wohl bekommen? Sieben? Na, unter falschem Namen reisen ist doch kein Kapitalverbrechen.«

»Das langt nicht ganz«, sagte Staines. »Ich beschuldige Sie auch des Mordes an Lordy Brown.«

»Kein Mensch sah mich die Tat begehen. Der Mann war in mein Haus eingebrochen und bewaffnet. Ich hatte das Recht, ihn zu töten – vorausgesetzt, ich wäre es wirklich gewesen. Darf ich Sie darauf aufmerksam machen, daß Sie auch für diese Anschuldigung keinen Beweis haben? Ferner möchte ich darauf hinweisen, daß Mr. de Villiers oder seine Tochter, die sich in jener Nacht ebenfalls unrechtmäßigerweise in meinem Haus befanden, genausogut als Täter in Frage kommen könnten. Soviel verstehe ich immerhin vom Gesetz, mein lieber Inspektor, um zu wissen, daß Sie nicht die geringsten Fakten in Händen haben, um mich an den Galgen zu bringen. Haben Sie sonst noch etwas gegen mich vorzubringen?«

»Eine Kleinigkeit wäre noch nachzutragen, Mr. Hermann Lavinsky! Wie steht es mit dem Mord von Slough? Man hat einen alten Kassierer kaltblütig niedergeknallt und beraubt. Auf der Mordwaffe fand man den Daumenabdruck des Täters. Eine Woche später verließen Sie England unter dem Namen Cleave und begaben sich nach Südafrika.«

Wieder das hinterhältige Lächeln des Angeschuldigten.

»Und der Beweis für Ihre Andeutungen?«

»Den haben wir. Ein Abdruck Ihres Daumens wird ihn uns bestätigen und genügen, eine Verurteilung herbeizuführen.«

Lavinsky lachte. Dann begann er, langsam den Verband von seiner Hand abzuwickeln. Ein Blick genügte, um Dick zurückschrecken zu lassen. Die Möglichkeit, Lavinsky den Mord von Slough nachzuweisen, war zerstört. Der Daumen war völlig zerfleischt.

32

Der Zank, den die Nachricht von der zweiten Verheiratung Josua Derricks zwischen Vater und Sohn ausgelöst hatte, war sehr heftig, die Kluft unüberbrückbar gewesen. Geld spielte dabei die Hauptrolle, denn Walter Derrick war ein Verschwender gewesen. Nach dem Streit verließ er das väterliche Haus, um es zu Lebzeiten des Vaters nie wieder zu betreten.

Er war nach Südafrika gegangen und hatte es ein Jahr lang kreuz und quer bis zum Tanganjika durchwandert. Achtzehn Monate lang hatte er sich als Goldsucher betätigt, Winter und Sommer nur dünnes Zelttuch über dem Haupt. Kaum, daß er so viel verdiente, um die ›Boys‹, die schwarzen Arbeiter, zu bezahlen und Pferde anzukaufen, die, sobald sie ins Land kamen, wie die Fliegen wegstarben. Eines Tages hatte er den Mann kennengelernt, der unter dem Namen ›Joe Cleave‹ ein ähnliches Leben führte wie er. Anfangs war Cleave schweigsam und wollte nicht aus sich herausgehen. Der junge Derrick konnte das Gefühl nicht loswerden, daß sein Arbeitsgenosse auf der Flucht vor der Justiz sei. Das war aber hier in der Wildnis kein Grund, um auf seine Gesellschaft zu verzichten, denn derartige Leute waren in Nord-Rhodesien nicht allzu selten.

Schließlich gab Cleave zu, daß er von Kapstadt aus gesucht werde. Es mochte sich um den Silberdiebstahl handeln, dessen man zuerst Minns beschuldigt hatte. Dies schien überhaupt das System Cleaves zu sein – ein Verbrechen so auszuführen, daß der Verdacht unbedingt auf einen Unschuldigen fallen mußte.

Mörder, Dieb, Straßenräuber, der er war, setzte er seinen Stolz in die Behauptung, daß er der treffsicherste Pistolenschütze ganz Südafrikas sei.

Er verstand etwas von der Goldgräberei, diskutierte wie ein Kenner über die Goldminen Johannesburgs, ja, erwähnte einmal sogar gesprächsweise die Platingruben Kaukasiens. Er sprach, wie Derrick bald herausfand, verschiedene Sprachen.

Eines Tages stießen die beiden auf ein Goldbett, das ihnen große Reichtümer versprach. Drei Monate später mußten sie ihre Hoffnungen auf ein Minimum zurückschrauben. Das anfänglich in Mengen auftretende Waschgold verringerte sich mehr und mehr, und sie hatten sich bereits mit dem Gedanken vertraut gemacht, das Lager aufzugeben, als Walter von einem alten Löwen angefallen wurde. Er war zwar in der Abwehr erfolgreich geblieben, hatte aber doch allerlei Verletzungen, besonders am Bein, davongetragen, die merkwürdigerweise ein gleiches Hinken bei ihm zur Folge hatten, wie es auch dem Vater in England eigen war. Lordy Brown hatte den Verletzten gefunden und ins Lager geschafft, nicht ohne nach drei Tagen mit zwei Säckchen Gold, dem Eigentum der beiden Goldsucher, zu verschwinden.

Walter Derrick lag lange krank. Er phantasierte und hatte wahrscheinlich dabei dem höchst interessierten Cleave seine ganze Lebensgeschichte verraten. Während er im Fieber lag, mußten Briefe von zu Hause gekommen sein. Der Alte mochte vielleicht mit seinem Tod gerechnet und Versöhnung mit dem Verstoßenen gesucht haben. Daß Cleave diese Briefe gelesen und darauf seinen Plan aufgebaut hatte, gab der falsche ›Walter Derrick‹ auf Befragen ohne weiteres zu.

Eines Nachts – Cleave glaubte, daß sein verwundeter Kamerad den Morgen nicht mehr erleben werde – verließ er das gemeinsame Lager und nahm alles, was er nur schleppen konnte, mit. Um seinen Plan auszuführen, brauchte er Geld. Der Zufall kam ihm zu Hilfe. Eines Abends erreichte er ein Goldgräberlager und fand einen schlafenden Prospektor, der, vom Alkohol übermannt, es sich auf einer Wiese bequem gemacht hatte. Niemand war in Sicht, und Cleave benutzte die Gelegenheit, dem andern die Taschen zu durchsuchen. Seine Bemühung war erfolgreich, denn der Betrunkene hatte am gleichen Tag seinen ›Claim‹ an die Tanganjika A. G. gegen bar verkauft und trug beinah die ganze Kaufsumme bei sich. Der Mann mochte trotz seiner Trunkenheit etwas gemerkt haben, denn als Cleave mit der Beute das Weite suchte, sandte er ihm eine Kugel nach, die haarscharf am Dieb vorbeipfiff. Cleave erwiderte das Feuer, und der Beraubte sank tödlich verwundet zu Boden. Cleave hatte nicht damit gerechnet, daß man die Schüsse im Goldgräberlager hören würde, und er konnte kaum mehr den Wald erreichen, so heiß wurde die Verfolgung. Um der immer enger werdenden Umzingelung und dem Feuer der wütenden Goldgräber zu entgehen, floh er in der einzig ihm Rettung verheißenden Richtung – zu seinem schnöde verlassenen Genossen zurück. Die Verfolger waren ihm auf den Fersen, als er endlich das Zelt erreichte. Zu seinem Erstaunen saß Walter Derrick völlig angezogen auf dem Feldbett – doch wenige Sekunden später verlor er das Bewußtsein.

Als er wieder erwachte, befand sich Derrick unter Raubmordanklage in einem Gefängnislazarett. Man hatte – die Verfolger waren gleich darauf ins Zelt gekommen – ihn mit einer Pistole in der Hand gefunden, in seiner Tasche befand sich die Beute, und den Mörder hatte ja niemand zu Gesicht bekommen.

Walter Derrick wurde vor ein Schwurgericht gestellt und hörte über sich das Todesurteil fällen. Man hatte ihn unter dem Namen Cleave angeklagt, und er selbst zweifelte anfänglich nicht daran, daß er die ihm zur Last gelegte Tat im Delirium wirklich begangen habe.

Nach seiner Begnadigung zu lebenslänglichem Zuchthaus begann er endlich, die Tatsachen, soweit sie ihm bewußt waren, aneinanderzureihen. Warum nannte man ihn Cleave? Er erfuhr es schnell genug. Bei seiner Verhaftung hatte er selbst diesen Namen im Fieber genannt. Wahrscheinlich hatte er nach seinem Genossen gerufen. Die örtliche Polizeibehörde wußte jedoch nichts davon, daß er überhaupt mit einem andern zusammen gewesen war. Inzwischen hatte der wirkliche Cleave unbelästigt die Küste erreicht. In Kapstadt tauchte er spurlos unter.

Im Zuchthaus hatte man Walter Derrick nach einiger Zeit wegen guter Führung erlaubt, Zeitungen zu lesen. Eines Tages fand er in einer von ihnen die Nachricht vom Tode seines Vaters. Erwähnt wurde gleichzeitig, daß der Sohn und Erbe Mr. Josua Derricks, Mr. Walter Derrick, in England eingetroffen sei, um das Erbe anzutreten. Die Zeitung brachte auch ein Bild des ›Sohnes‹. Nun erst wurde ›Cleave‹ die ganze Intrige klar. Was aber sollte er tun? Er befand sich im Zuchthaus. Auf herkömmliche gesetzliche Weise würde es ihm nie gelingen, seine Unschuld zu beweisen. Er wandte sich an den Arzt und den Geistlichen. Der erste lachte ihn glattweg aus, der andere sprach mit ihm wie mit einem Verrückten, dem man seine Zwangsvorstellung lassen muß. Der Verdacht, daß ›Cleave‹ verrückt sei, war es ja auch, der ihn vor dem Galgen gerettet hatte.

Drei Monate plante und intrigierte der Gefangene, um endlich in einer stürmischen und gewitterschweren Nacht die Flucht zu wagen. Sie gelang. Es dauerte fünf Monate, bis er Kapstadt erreichte. Völlig erschöpft, nach einer entsetzlichen Flucht durch Busch und Wüste, fand er sich eines Nachts in einem herrlichen Garten und sank bewußtlos auf der Freitreppe der Villa des einzigen Mannes nieder, der überhaupt imstande war, ihm zu seinem Recht zu verhelfen.

Mary de Villiers hatte ihn gefunden. Sie war Pflegerin in einem Krankenhaus der Hauptstadt gewesen und hatte ihren Beruf auf Wunsch des Vaters aufgegeben, um ihm in seinem Geschäft zu helfen.

De Villiers hatte sich als Privatdetektiv selbständig gemacht und war nach und nach wegen seiner Erfolge bekanntgeworden. Er war früher in Kimberley Inspektor der Kriminalpolizei gewesen, hatte aber den Staatsdienst schon verlassen, als seine Töchter noch klein waren.

Man schaffte den Bewußtlosen ins Bett. De Villiers wollte einen Krankenwagen kommen lassen, um ihn ins Hospital zu bringen, aber Mary bat ihn, davon abzusehen.

Vier Tage vergingen, bis der Kranke seinen Rettern die Geschichte seiner Leiden erzählen konnte. Henry stand den Schilderungen seines Gastes anfangs skeptisch gegenüber, bekehrte sich aber dann zu Marys Ansicht, die mit weiblichem Instinkt sofort die Glaubwürdigkeit des Erzählten erkannt hatte. Ein einziges Mittel gab es, dem um seinen Namen und sein Erbe Betrogenen zu seinem Recht zu verhelfen: Das Buch mußte gefunden werden, in dem sich die Fingerabdrücke des jungen Walter Derrick befanden. Der Sohn wußte, daß es der Vater irgendwo an einem verborgenen Ort, wo er auch seine Familienpapiere aufzubewahren pflegte, versteckt hatte. Wenn der falsche Walter Derrick das Versteck gefunden hatte, dann mußte jede Aussicht auf eine Wiedereinsetzung des wirklichen Erben fallengelassen werden. De Villiers ließ sich die Sache durch den Kopf gehen und begann, unter der Hand in London Erkundigungen einzuziehen. Er begab sich auch auf den Schauplatz des Raubmordes, für den Walter verurteilt worden war, und entdeckte, daß ein Cleave tatsächlich existiert hatte. Er folgte den Spuren des Mörders bis Kapstadt.

Eines Abends setzte sich de Villiers ans Bett des Kranken.

»Ich will einen Versuch wagen«, sagte er. »Der Arzt hat mir sowieso einen Erholungsurlaub verordnet, und ich glaube, Ihr Fall wird für mich die beste Erholung sein. Die Sache wird mich fünftausend Pfund kosten und uns vielleicht alle ins Gefängnis bringen. Aber – falls ich Erfolg habe, beträgt mein Honorar fünfzigtausend Pfund. Wenn nicht, kostet es Sie keinen Penny.«

Auf diese Weise wurde der denkwürdige Vertrag abgeschlossen. Sie reisten alle zusammen nach England und wählten auf Anregung Marys die Maskerade mit dem Krankenstuhl. Damit wurde erreicht, daß Walter Derrick eine nur passive Rolle dem Publikum gegenüber spielen mußte und gleichzeitig sämtliche Mitspieler beisammenbleiben konnten. Jane, ein Jahr jünger als Mary, sollte als Nachtschwester fungieren und als Marys Doppelgängerin auftreten.

»Sie war mein ewiges ›Alibi‹«, versicherte Mary. »Wann immer ich in London zu tun hatte, sorgten wir dafür, daß sie fünfzig Meilen weiter weg bestimmt gesehen wurde. Sie war es, die auf dem Maskenball in Brighton tanzte, und ich traf erst kurz vor Dick dort ein. Arme Jane! Sie haßte das Doppelspiel. Von Natur aus schon Hasenfuß genug, komplizierte sie die Sache noch dadurch, daß sie sich in Tommy verliebte. Ja, ihr Ring war es, den du an meiner Hand sahst, Dick. Nun kennt auch der arme Lord den Grund, warum seine Braut tagsüber so kalt und abends so lieb zu ihm war. Ich habe Tommy ganz gern, kann es aber durchaus nicht leiden, wenn er mich tätschelt. Armer Junge, er war tief gekränkt.« Sie lachte und schmiegte sich in Dicks Arm. »Den genauen Zeitpunkt, zu dem Lavinsky Verdacht gegen uns schöpfte, kann ich nicht angeben. Ich glaube, jemand hat ihm etwas über das ›Familienalbum‹ . . .«

»Der alte Endred war es, der ihm das mitteilte«, warf Dick ein.

»Vielleicht hatte er auch Walter Derrick im Krankenstuhl erkannt«, sagte Mary. »Oder er hat nach Kapstadt gekabelt, um über uns Erkundigungen einzuziehen. Möglich auch, daß ihm Lordy Brown Bescheid gesagt hat.«

»Du hattest Lordy Brown gefunden?«

»Ja, er lag sterbend in Derricks Haus. Ich hörte ihn stöhnen und erschrak. Wir versuchten alles, um ihn zu retten. Er erkannte mich natürlich und bat mich, das Geld, das ich in seiner Tasche finden würde, seiner Frau zu überweisen. Er weigerte sich jedoch, mir den Namen des Mannes zu nennen, der ihn angeschossen hatte. Er hatte auch jetzt noch so viel Ehrgefühl, einen anderen nicht zu verraten. Vater hat ihn zweimal gebeten, eine Erklärung abzugeben. Er weigerte sich. Wie ich seinen Worten entnehmen konnte, hatte vor der Tat ein Streit zwischen ihm und dem Mörder stattgefunden. Wahrscheinlich war Brown ins Haus gekommen, um sich mit Lavinsky zu treffen, den er wohl zu erpressen versuchte. Er hatte ja den wirklichen Walter Derrick gekannt. – Wann merktest du zum erstenmal, Dick, was gespielt wurde?«

»Eine Ahnung bekam ich schon, als Lavinsky erstaunt war, als ich ihm mitteilte, daß sein angeblicher Vater – der alte Derrick – gehinkt hatte. Auch über die heimliche Wiederverheiratung wußte er nichts zu sagen. Er erfand den Namen der zweiten Frau – Miss Constable – in der Eingebung des Augenblicks.«

»Was wird nun mit ihm geschehen?« fragte Mary.

Dick zuckte die Achseln.

»Das läßt sich schwer sagen«, meinte er. »Der Oberstaatsanwalt lehnt es ab, die Anklage auf Mord auszudehnen, weil er dann nicht an eine Verurteilung glaubt. Und einen Freispruch will er vermeiden. Wahrscheinlich aber wird er ›lebenslänglich‹ bekommen.«

Mary schüttelte sich.

»Mein ganzes Leben habe ich in dieser Verbrecheratmosphäre zugebracht«, klagte sie. »Es wird wohl auch weiterhin mein Los bleiben! Ach so, daß ich es nicht vergesse: Du hattest dir so schön ausgemalt, daß du und ich und Jane und Tommy am gleichen Tag heiraten sollten, nicht wahr? Nun, Tommy sträubt sich mit Händen und Füßen gegen diesen Plan. Er hat eine Mordsangst, daß er uns noch vor dem Traualtar verwechseln könnte.«

Goldmann Krimis
...mörderisch gut!

Collin Wilcox
Der tödliche Biß

Wie alle wirklich guten Krimi Autoren, so will auch Collin Wilcox nicht allein einen Thriller abliefern, voll von Action und Spannung. Hier entstand die Geschichte einer Vater-Sohn-Beziehung, die vor dem Hintergrund tödlicher Gefahr beide Menschen zur Bewährung heraus fordert.

Bestell-Nr. 5401

Duncan Kyle
Todesfalle Camp 100

Abgeschnitten von der Umwelt, vergraben im Schnee der grönländischen Arktis, liegt das Camp 100: ein unterirdischer Vorposten der amerikanischen Polarforschung.
Das isolierte Camp wird zur Todesfalle in den Händen eines skrupellosen Mörders...

Bestell-Nr. 5402

Goldmann Krimis
...mörderisch gut!

**Roger L. Simon
Die Pekingente**

Privatdetektiv Moses Wine unternimmt mit einer Gruppe eine Studienreise nach China. Als aus einem Museum in Peking eine wertvolle goldene Ente verschwindet, steht die Reisegruppe unter Hausarrest. Moses Wine findet den Dieb und blickt zugleich hinter die Kulissen eines gefährlichen Spiels ...

Bestell-Nr. 5202

**Michael Dibdin
Der letzte Sherlock-Holmes-Roman**

Das brisante Dokument des Dr. Watson war 50 Jahre unter Verschluß und wird 1976 freigegeben. Es berichtet von den Untaten eines gewissen 'Jack the Ripper'. Holmes kommt zu dem Schluß, daß Prof. Moriarty der Täter ist. Doch nach dessen Tod ereignen sich weitere Dirnenmorde. Dr. Watson geht ihren Spuren nach.

Bestell-Nr. 5203

Rote Krimi
... mörderisch gut!

William Hallahan
Ein Fall für Diplomaten

Ein in New York lebender russischer Dichter und Dissident wird entführt, obwohl er keine Bedrohung für die UDSSR darstellt. Die US-Regierung behandelt den Fall äußerst vorsichtig, bis ein Beamter der Einwanderungsbehörde den Stein ins Rollen bringt. Er allein ahnt, warum der verarmte, politisch unbedeutende Dichter so wichtig ist.
(4823)

Arthur Maling
Eine Aktie auf Mord

Die Aktien stehen auf Sturm, als ein Teilnehmer der Finanzierungsfirma Price, Potter & Petacque seine Anteile veräußern will und danach spurlos verschwindet — mit einer Pistole im Gepäck. Kurz danach werden der Bruder Petacques und dessen Frau ermordet...
(4807)

Rote Krimi ... mörderisch gut!

Dick Francis

Der Trick, den keiner kannte

Nur ein Außenseiter kann die üblen Machenschaften aufdecken, die den Pferderennsport bedrohen. Daniel Roke wird beauftragt, den Spion in den eigenen Reihen zu finden. Auf seiner Jagd stellen sich ihm tödliche Hindernisse in den Weg.
(4804)

Aufs falsche Pferd gesetzt

Bei einem Hindernisrennen stürzt der Jockey Bill Davidson und erliegt seinen schweren Verletzungen. Sein Freund Alan York weiß, daß der Sturz durch Sabotage verursacht wurde. Aber wie soll er der Polizei beweisen, daß hier Verbrecher am Werk waren?
(4812)

Die letzte Hürde

Was ist los auf dem Rennplatz Dunstable bei London? Ein Jockey begeht vor den Augen seiner Kollegen Selbstmord, mehrere andere sind wie vom Unglück verfolgt. Rob Finn, ein junger Rennreiter, glaubt nicht an Zufall. Er geht der Sache nach...
(4780)

Grand-Prix für Mord

Ein Zuchthengst im Wert von einer Million Pfund ist verschwunden. – Ein junges Paar verbringt einen gefährlichen Nachmittag auf der Themse.
Der britische Geheimdienstagent Hawkins ahnt von einem Zusammenhang der Ereignisse und folgt der Spur.
(4740)

Goldmann Taschenbücher

Aktuell. Informativ.
Vielseitig. Unterhaltend...

Große Reihe
Romane
Erzählungen
Filmbücher

Eine Love-Story

Regionalia
Literatur der deutschen Landschaften

Moderne Literatur

Klassiker
mit Erläuterungen

Goldmann Schott
Taschenpartituren
Opern der Welt
Monographien

Goldmann Dokumente
Bücher zum aktuellen Zeitgeschehen

Sachbuch
Zeitgeschehen, Geschichte
Kulturgeschichte, Kunst
Biographien
Psychologie, Pädagogik
Medizin, Naturwissenschaften

Grenzwissenschaften

Rote Krimi

Science Fiction

Western

Jugendbücher

**Ratgeber,
Juristische Ratgeber**

Gesetze

Goldmann Magnum
Großformat 21 x 28 cm

**Goldmann Verlag
Neumarkter Str. 22**

8000 München 80

Bitte senden Sie mir Ihr neues Gesamtverzeichnis

Name:
Strasse:
Ort: